歴史文化ライブラリー

49

正倉院と日本文化

米田雄介

吉川弘文館

原則として、初版で掲載した口絵は割愛しております。

目次

日本文化の中の正倉院

例年秋に正倉院《しょうそういん》宝庫の勅封が解かれ、正倉院事務所ではそれからほぼ二ヵ月にわたって宝物の調査・点検を行っている。その間に、正倉院宝物の展覧会が開催される。正倉院事務所で行われる宝庫の開封の儀は秋の到来を告げるものとしてマスコミ各社で取り上げられ、まもなく開催される展覧会は秋の風物詩として奈良の年中行事の中に位置づけられ、実際に秋酣《あきたけなわ》の中を多くの人が展覧会を観、錦秋の古都を楽しまれる。ちょうど、正倉院展が開催される時期は、奈良では一年の内で一番すばらしい季節であるが、なかでも人々を惹《ひ》きつける正倉院展とはいったい何であろうか。

かねて筆者自身、正倉院宝物の管理にかかわっていたことから、つねづね正倉院宝物がなぜかくも人々を惹きつけるのか、展覧会のたびごとに考えさせられてきた。いま宝物を管理するという任務から解放されたが、まだ宝物が人々を惹きつける、あるいは人々が宝物に惹きつけられるのがなぜかについて、明確な解答を見出すことができない。しかし最近、少しずつではあるが、正倉院宝物がなぜ人々を惹きつけるのかについて考えるための糸口が見つかり始めたような気もしている。

従来、正倉院宝物に関する研究書、概説書、啓蒙書の類は枚挙《まいきょ》に暇《いとま》がないほどに多い。しかし正倉院自体の歴史について、それほど具体的ではない。その中で注目すべきものは、後藤四郎『正倉院の歴史』（日本の美術、至文堂刊）、東野治之『正倉院』（岩波新書）、関根真隆『正倉院への道』、同『天平美術への招待』、和田軍一『正倉院案内』（日経新書『正倉院夜話』を改訂）、橋本義彦『正倉院の歴史』（以上、吉川弘文館刊）などの諸氏の著作であるが、その他はほとんどが宝物を中心にした、どちらかといえば鑑賞用、または宝物のルーツを探るといった性格のものが多い。

正倉院には謎《なぞ》が多いなどという人もいる。正倉院には世に知られていない部分があるかも知れない。別に隠す必要はないが、あえて公表しなければならないというほどのものでもないことから、解説も加えないで放置しておいたことに尾鰭《おひれ》がついているのかも知れない。別に私などは不思議などないと思っているが、どこかで、誤解を生じているものがあるとすれば、正して行かなくてはならないであろう。

そのためには、正倉院宝物を過大に評価したり、逆に軽視するのではなく、できるだけ客観的に正倉院を捉えるようにしていきたい。そのためには正しく正倉院の歴史を認識することが必要である。

そこで正倉院および正倉院宝物を正しく認識するために、また先ほど述べたように、なぜ正倉院や正倉院宝物が人々を惹きつけるのかを考えるために、正倉院の歴史そのものを考えることにした。そのような正倉院の歴史、あるいは正倉院宝物に対する各時代の人々の関心のあり方をたどることは、正倉院および正倉院宝物のもつ歴史的意義、日本文化の中の正倉院について考えてみることでもあると思われる。本書のタイトルを『正倉院と日本文化』とした所以《ゆえん》である。

以下、具体的に正倉院の歴史を辿《たど》りながら、日本文化の中の正倉院について考えることにしよう。

正倉院宝物

正倉院宝物の特色

正倉院宝物とは何か、その今日的意義とはどのようなものかなどについて、これまでにも多くの人によって語られ、文章化されてきた。したがってあらためてそのことを論議する必要はないと思うが、後の理解のために、簡単に要点を整理しておこう。

正倉院宝物とは

1　正倉院宝物の種類は多種多様である。敷物・屏風《びようぶ》・鏡・厨子《ずし》などの調度品、琵琶《びわ》・笛・琴などの楽器、囲碁・双六《すごろく》などの遊戯具、武器・武具をはじめ文房具、飲食器、装身具、法会《ほうえ》・法要などの法具、薬物などが納められており、古代の総合博物館の観を呈している。

2　宝物に用いられている材質も多彩である。宝物の種類に窺えるように、さまざまな宝物を作るための素材やそれらの宝物に施されている装飾などは実に雑多で、動物性の材質としては、象牙《ぞうげ》、犀角《さいかく》、鹿角《ろっかく》、鯨骨《げいこつ》、皮革、貝殻、真珠、玳瑁《たいまい》の甲羅《こうら》など、植物性の材質としては、紫檀《したん》・黒檀《こくたん》、白檀《びゃくだん》、沈香《じんこう》、樫《かし》、桐《きり》、竹など、鉱物性のものとしては、金・銀・銅・鉄の金属質のもの、瑪瑙《めのう》、翡翠《ひすい》・トルコ石、青金石《せいきん》（ラピスラズリ）、水晶、琥珀《こはく》、ガラスなど石製のものなどがある。

3　材質の多様性は当然のことながら技法の多様性でもある。金工・木工・竹工・漆工はもとより、染織・玳瑁貼・木画、さらには撥鏤《ばちる》・平文《ひょうもん》・平脱《へいだつ》などの技法が用いられている。なかには平安時代以降、衰退していた技法もあり、近年、工芸作家の尽力によって復元されたものも見られる。

4　正倉院には現在も五通の献上品目録（献物帳《けんもつちょう》）が伝わっているが、一二〇〇年余りも前の献物帳所載のものが現存の宝物のどれに相当するかを検証できるなどということは、世界的に見ても稀有《けう》なことである。それだけに正倉院宝物は由緒正しいものといえる。

5　現宝物は地中から発見されたものではなく、宝庫内にあって、厳重な管理体制のもとに伝世されてきたものであるから、完形品で、色彩もそれほどの褪色《たいしょく》はなく、いわば奈良時代の雰囲気をよく伝えている。もとより宝物の中には修理を経ているものもあり、一部の宝物には行過ぎとも思える修理の例もないではない。しかしおおむね宝物の本来の姿はよく伝えられており、奈良時代文化のあるべき姿を彷彿《ほうふつ》とさせることができる。

6　正倉院宝物の持つ特色を一つだけあげろといわれたら、宝物の国際性ということであろう。奈良時代文化の粋を集めた正倉院ではあるが、正倉院宝物の中には、中国・朝鮮などの東アジアの近隣諸国から伝わったものはもとより、中央アジアの国や地域から、シルクロードを経てわが国にもたらされた宝物も少なくない。また宝物自体はわが国で作られたものであっても、意匠や技法がそれらの地方から伝わっているものもあったと思われる。正倉院宝庫がシルクロードの終着点といわれるのは、正倉院の特色を一言で表現したもので、蓋《けだ》し名言ということができる。

以上のような特色をそなえている正倉院宝物であるが、毎年、開催している展覧会に来られる多くの鑑賞者の方々に伺っていると、さまざまな見方、捉え方のあるのに驚かされる。実際、人それぞれの受け止め方で正倉院宝物の価値を判断すればよく、宝物の見方、捉え方はこうでなくてはならないという方程式は存在しない。

したがって私もここで紹介した正倉院宝物の特色を前提にしながら、独断と偏見に基づいて正倉院宝物観を提示させていただくが、これもまた一つの捉え方にすぎないことはいうまでもない。

本書の視点

正倉院宝物自体が文化史的存在である。したがって正倉院宝物について述べること自体が日本文化を論じることである。しかし本書では、正倉院宝物の一つ一つを取り上げて、その意味を問うということではなく、正倉院宝物が献納されて以降、歴史のなかで正倉院宝物がどのように人々の心の中で受け止められていたのか、たとえばそれらの宝物がどのような視点で、どのように管理されていたのかなどについて各時代の人々と宝物との関係をトータルなものとして考えたいと思う。

そこで次のような観点から議論してみたい。

まず第一は、正倉院宝物の成立について整理してみよう。厖大《ぼうだい》な宝物が、いつどのようにして成立したのかを考えることで、宝物の特質を理解しておきたいからである。

それとともに、何を契機にして宝物の献上が行われたのか、つまり従来のわが国では、天皇や皇后からしばしば寺院に対して愛用の品を含む貴重な物品が献上されているが、その意味は何か、それは正倉院宝物の成立とどのようにかかわるのかについて、検討してみたい。

第二に、これらの宝物は東大寺大仏に献上されたが、ある時期までの正倉院宝物の特色は東大寺の正倉中に死蔵されていたのではなく、広く活用されていたことである。その活用の実態を検討しつつ、王朝文化とのかかわりについて検討してみたい。

第三に、正倉院宝物の保存管理の実態を、平安時代末以降、江戸時代末ごろまでの文書を整理しながら考えてみたい。その中で、天皇・上皇をはじめ摂政《せっしょう》・関白《かんぱく》や将軍・武将らによる宝物の拝見に、正倉院宝物の歴史的意義を解明する手がかりの一つが存在するのではないかと考えられる。

第四に、宝物の調査や宝物の修理についても考えてみたい。とくに宝物の修理は、宝物の見方にも影響を及ぼすであろうから、どのような宝物が、いつどのように修理されているか、宝物の保存を考えていくうえで重要な視点になると思われる。ただこの項については詳しくは別稿『正倉院宝物の歴史と保存』（吉川弘文館）で取り上げたので参照していただきたい。

第五に、以上の諸点と関係するが、正倉院宝物に対するそれぞれの時代の人々の見方、感じ方を考えてみたい。もとよりそのような項目を立てるわけではないが、宝物をどのように認識しているかを通じて、宝物がその時々でどのような意味をもっているかを考えることができるものと思うからである。

正倉院宝物のなりたち

数十万点の宝物の由来

現在、正倉院宝物は約九〇〇〇件を数える。この数字は台帳に登録している件数によっており、もう少し細かく数えると、一件の中に数百点を含むものがあるので、たちまち何十万点にもなる。たとえば現在も整理作業を行っている染織品については、大小さまざまのものがあって三〇万点ぐらいになるのではないかといわれており、ガラス類、文書なども台帳上は比較的大まかに把握しているが、さらに細かく一点一点を数えると、ただちに三〇万から四〇万ぐらいの点数を数えることができる。このように正倉院宝庫中に多数の宝物が現存しているが、そもそもそれらの宝物はどこで作られ、どのようにして正倉院宝庫にもたらされたのかが一つの問題である。

正倉院宝物の制作地について、現存の宝物がどこで作られているか、宝物に記されている銘文や、宝物に類似のものがどの地方で出土しているかなどについてすでに検討され、多くの成果をあげている。

しかしそのことを考える前に、まず正倉院宝物はどのようにして成立したか、つまり正倉院宝物はもともと奈良東大寺の宝庫に納められ、一二〇〇年余り、東大寺によって長く管理されてきたものである。したがってまずはじめに、正倉院の宝物がどのようにして成立したのかについて見ておくことにしよう。

正倉院宝物の成立は四つのケースに分けることができる。以下、順を追って見てみよう。

皇室献納品

第一は皇室からの献上品である。これは献物帳《けんもつちょう》をともなっており、宝物献上の時期および具体的な宝物の名称・数量などが判明する。その献物帳とは次の五通で、それらは現在、昭和三十八年に完成した鉄骨鉄筋造の新宝庫（西宝庫）に収納されている。

①天平勝宝八歳（七五六）六月二十一日東大寺献物帳（国家珍宝帳《こっかちんぽうちょう》）（北倉一五八）
②天平勝宝八歳（七五六）六月二十一日東大寺献物帳（種々薬帳《しゅじゅやくちょう》）（北倉一五八）
③天平勝宝八歳（七五六）七月二十六日東大寺献物帳（屏風花氈等帳《びょうぶかせんとうちょう》）（北倉一五九）

④天平宝字二年（七五八）六月一日東大寺献物帳（大小王真跡帳《だいしょうおうしんせきちょう》）（北倉一六〇）
⑤天平宝字二年（七五八）十月一日東大寺献物帳（藤原公真跡屏風帳《ふじわらこうしんせきびょうぶちょう》）（北倉一六一）

まず右の①は聖武天皇《しょうむてんのう》の七七忌に当たり、天皇の冥福を祈念して遺愛の品々を光明皇后《こうみょうこうごう》が東大寺大仏に献上した時に、その献上品に添えられた目録である。目録のはじめに「太上天皇の奉為《おおんため》に国家の珍宝等を捨《しゃ》して東大寺に入る願文　皇太后御製」と記し、次いで願文の前文として、仏教を尊崇し、その供養を行うことは、功徳を得ることであると一般論を述べた後、聖武大皇は仏に帰依《きえ》すること篤《あつ》く、天神地祇を祀《まつ》り、人々から聖《ひじり》と称賛されていた。しかるに大皇は崩御《ほうぎょ》されてしまった。そこで皇太后は天皇の追福のため、

恒《つね》に千秋万歳、合歓《あいたのしみ》、相いつれそわんと謂《おも》いしに、誰か期せんや、幽塗《ゆうと》の阻《はば》まれること有り、閲水悲冷として、霊寿増すことなく、穀林の揺ぎ落ちんとは、隙駟《げきし》（時の過ぎさる）は駐《とど》め難く、七七の忌、俄《にわ》かにきたり、荼襟《くるしみ》転《うた》た積もり、酷意《うらみ》弥《いよいよ》深く、后土《こうど》を開くも徴《しるし》なく、皇天に訴えるも弔《いた》らず、まさにここに勝業（喜捨）に託し、以て聖霊に資せん、故に今先帝陛下の奉為に国家の珍宝、種々の翫好のもの、および御帯、牙笏、弓箭、刀剣、兼て書法・楽器等を捨して東大寺に入れ、盧舎那仏《るしゃなぶつ》および諸々の仏、菩薩、一切の賢聖を供養せん、

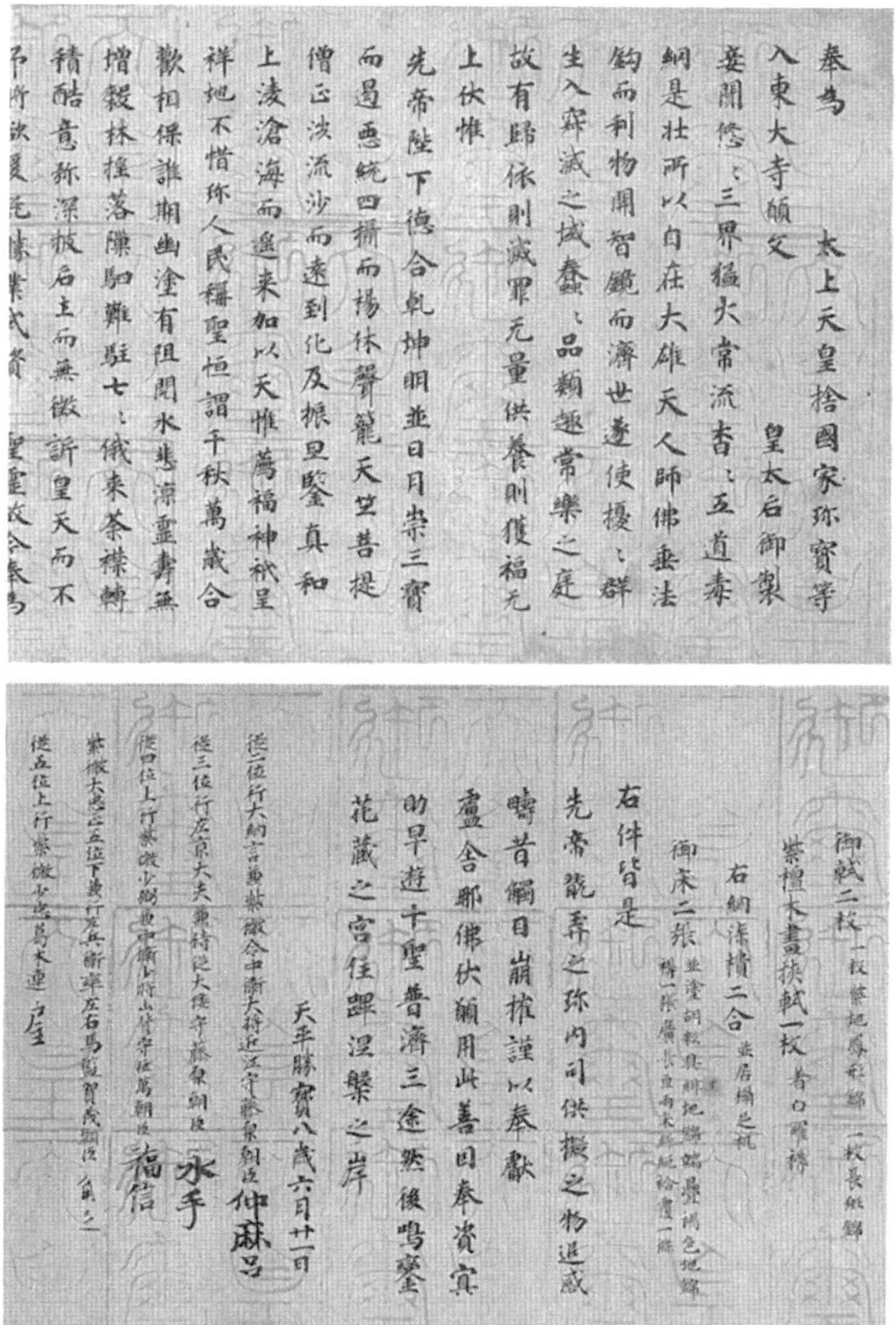

奉為　太上天皇捨國家珎寶等
入東大寺願文　皇太后御製
妾聞悠々三界猶火常流杳々五道毒
網是壯所以自在大雄天人師佛垂法
鉤而利物開智鏡而濟世遂使擾々群
生入寂滅之域蠢々品類趣常樂之庭
故有歸依則滅罪無量供養則獲福無
上伏惟
先帝陛下德合乾坤明並日月崇三寶
而遏惡統四攝而揚休聲籠天竺菩提
僧正涉流沙而遠到化及振旦鑒真和
上凌滄海而遙來加以天惟薦福神祇呈
祥地不惜珎人民稱聖恒謂千秋萬歲合
歡相保誰期幽塗有阻閲水悲凉靈壽無
增穀林搖落隙駟難駐七々俄來茶襟轉
積酷意彌深披后土而無徵訴皇天而不

御軾二枚　一枚紫地鳳形錦　一枚長斑錦
紫檀木畫挾軾一枚　着白羅褥
右納漆櫃二合　並居攝之机
御床二張　並塗胡粉具緋地錦端疊褐色地錦褥一張廣長並兩木端絁袷覆一條
右件皆是
先帝翫弄之珎內司供擬之物追感
疇昔觸目崩摧謹以奉獻
盧舍那佛伏願用此善因奉資冥
助早遊十聖普濟三途然後鳴鑾
花藏之宮住蹕涅槃之岸
天平勝寶八歲六月廿一日
從二位行大納言兼紫微令中衛大將近江守藤原朝臣仲麻呂
從三位行左京大夫兼侍從大倭守藤原朝臣永手
從四位上行紫微少弼兼中衛少將山背守巨萬朝臣福信
紫微大忠正五位下兼行左兵衛率左右馬監賀茂朝臣角足
從五位上行紫微少忠葛木連戸主

図1　国家珍宝帳（北倉158）巻首（上）・巻尾（下）

と述べて、天皇遺愛の品を東大寺に施入したのである。右の文は訓み下しにしてもむずかしいので、要約していえば、

光明皇后は、いついつまでも天皇とともに楽しく連れ添わんと思っていたのに幽冥境を異にするとは、しかも時の過ぎ去るのは早く、はや四十九日を迎えてしまった。この悲しみを土地の神、天の神々に訴えるも癒されることはない。ここは喜捨して聖霊に資するほかあるまい。したがって先帝の奉為に国家の珍宝以下の品々を喜捨しよう、

となる。そして実際に施入された品々をみると、天皇の遺愛の品物の冒頭に記されているのが聖武天皇が着用しておられたと思われる御袈裟で、引き続き天皇の身の回りに置かれ愛用していたと思われる品々、たとえば厨子や屛風などの調度品、琵琶などの楽器類、碁盤などの遊戯具、その他、六〇〇点余りの宝物が記されている。

その目録の末尾に、先帝の冥助に資せんと願って、これらの品々を東大寺大仏に献上すると記している。すなわち、

右の件のもの皆是れは、先帝翫弄《がんろう》の珍、内司の供擬《くぎ》の物、疇《ちゆう》昔《せき》を追感し、目に触れると、崩摧《くずお》れてしまう。謹んで以て盧舎那仏に献じ奉る、伏して願わくば、此の善因をもって冥助に資し、早く十聖に遊《まじ》わり、あまねく三途《さんず》をわたり、然る後に鈴を花蔵

の宮に鳴らし、蹕《ひつ》を涅槃《ねはん》の岸にとどめたまわんことを。

なお目録によると、これらの品々を国家の珍宝とよんでおり、この目録を「国家珍宝帳」と称するのはこのことに由来している。

同日、光明皇后は六〇種の薬物を盧舎那仏に献上している。そのときの献上品目録が②の「種々薬帳」である。その冒頭に、

盧舎那仏に種々の薬を奉る

と記し、次の行に、

合わせて六十種　漆櫃二十一合に盛る

とし、以下、六〇種に及ぶ薬物が二一櫃《ひつ》に分けて納められている。その最後に願文として、以前のものは堂内に安置し、盧舎那仏に供養せんとす。もし病苦に縁《よ》って用いるべきものあらば、ならびに僧綱《そうごう》に知らしめ、後に充て用いることを聴《ゆる》せ、伏して願わくば、此薬を服さば、万病ことごとく除き、千苦皆救い、諸々の善を成就し、諸々の悪を断却し、非業の道自り、長く夭折することなく、遂に命終わらしめるの後、花蔵の世界に往生し、盧舎那仏に面《あ》い奉ら使《し》め必ず遍《あまね》く法界の位に証得せんと欲す。

と記している。漠然と「種々薬帳」について考えると、この薬物献上を聖武天皇のご冥福

を祈念したものと考えられそうであるが、この願文のどこにも聖武天皇の冥福を祈るという言葉は出て来ない。もとよりその言葉はなくてもこの薬物献上が天皇の七七忌に行われていることから、この献上が天皇と無関係とは考えられないが、それよりも内容から見て直接には一般の人々を救済する目的で献上された点に注目するべきものであろう。つまり願文によると、薬物を東大寺の堂内に留めるのみならず、必要に応じてそれらの薬物を持ち出して病人の苦悩を除くようにしたい、つまり献上した薬物のうち、もし病人の治療に用いることができるものであれば、僧綱の許可を得て使用してもよい。それらの薬によって、人々が苦しみを解除し、諸悪を絶つことができ、その人々が盧舎那仏の住む蓮華蔵の世界へ往生できるように願っていると記されている。

皇后は施薬院《せやくいん》や悲田院《ひでんいん》を設け、病人や孤児など一般衆庶を対象とした救済に心を砕かれており、この薬はその救済に備えられていたものである。

③の「屏風花氈等帳」は、具体的に宝物を献上することの理由を明記していないが、冒頭に「献東大寺」と記し、ついで欧陽詢《おうようじゅん》と王羲之《おうぎし》のそれぞれの「屏風一具十二扇」、つまりあわせて屏風二具二十四扇をはじめ、線鞋《せんがい》・銀薫炉《ぎんのくんろ》などの宝物を献上している。その末尾に、

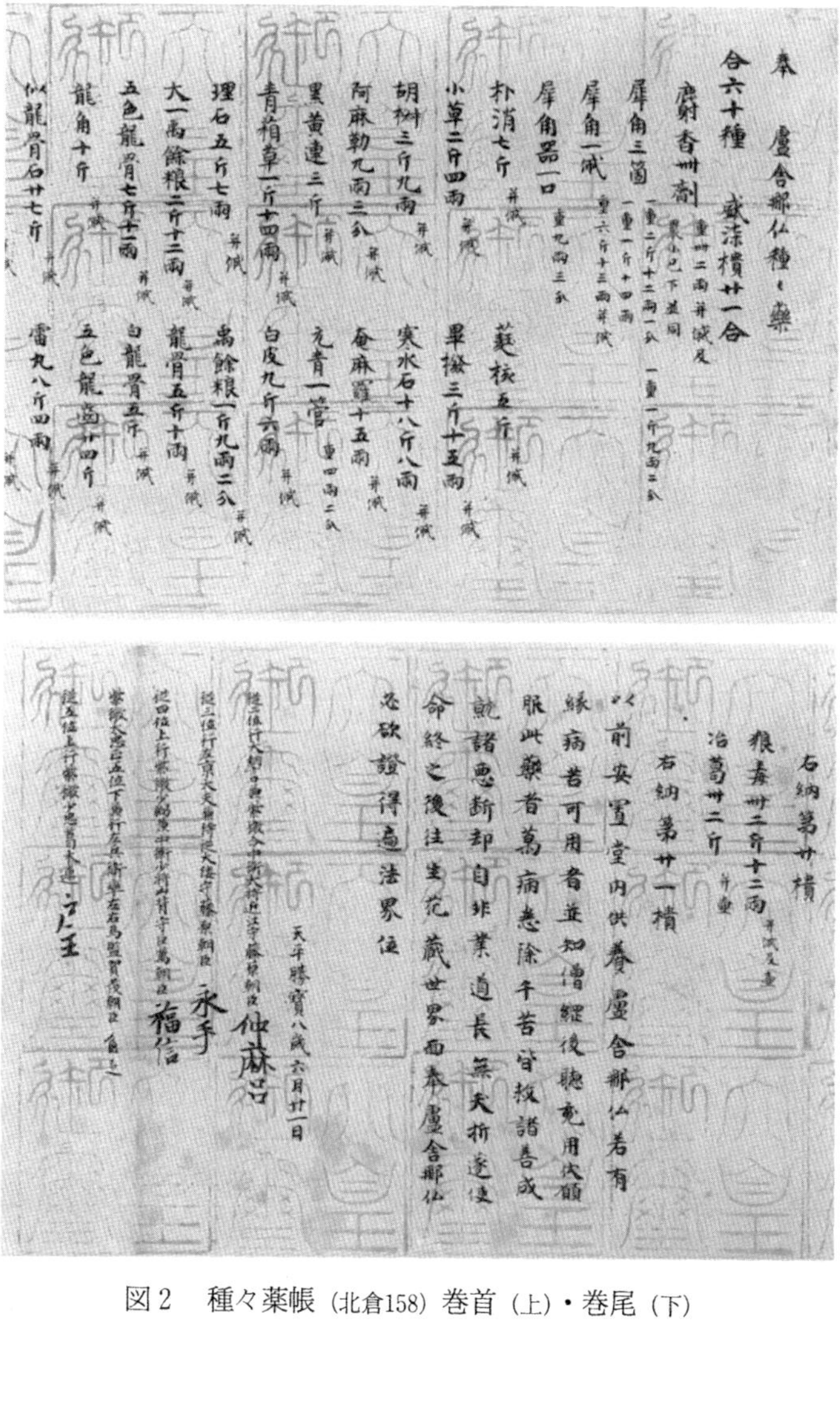

図2　種々薬帳（北倉158）巻首（上）・巻尾（下）

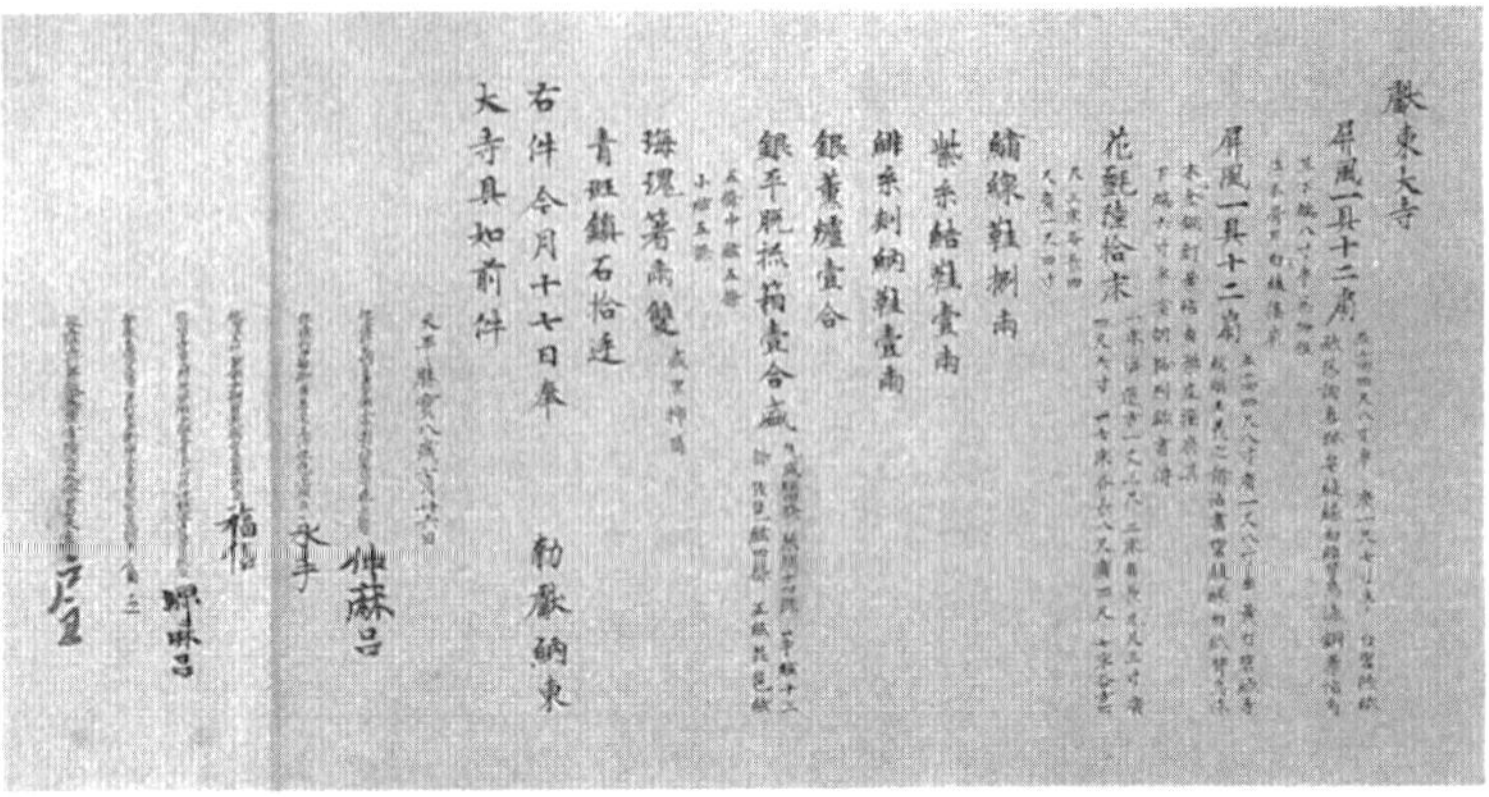

獻東大寺
屏風一具十二扇
屏風一具十二扇
花氈陸拾床
繡線鞋捌両
紫糸結鞋壹両
緋糸刺納鞋壹両
銀薫爐壹合
銀平脱紙箱壹合
梅瑰箸両雙
青斑鎮石拾廷
右件今月十七日奉　勅獻納東
大寺具如前件
天平勝寶八歳七月廿六日
仲麻呂
永手
福信

図3　屏風花氈等帳（北倉159）

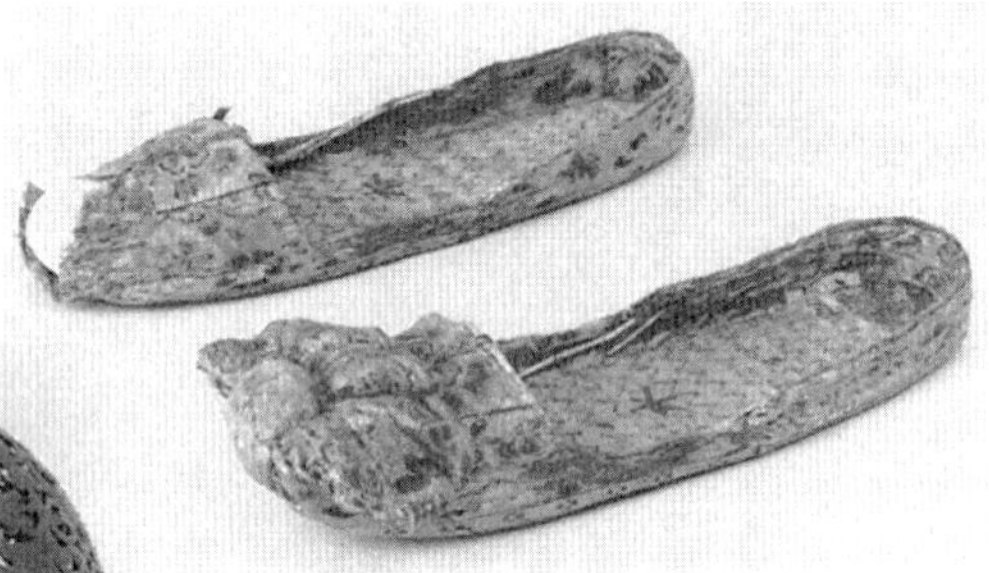

図4　繡線鞋第一号（北倉152）

図5　銀薫炉（北倉153）

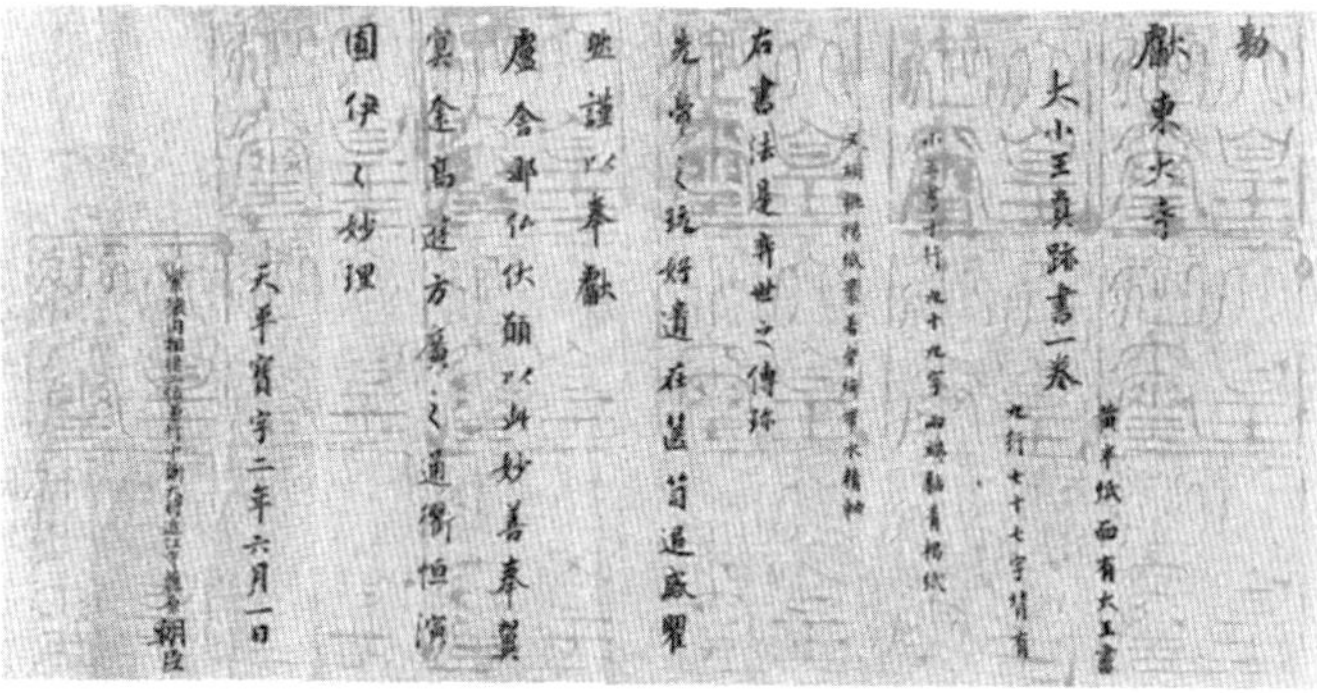
勅
獻東大寺
大小王真跡書一巻
右書法是奕世之傳珎
先帝之玩好遺在篋笥追感疇
昔謹以奉獻
盧舎那仏伏願以此妙善奉翼
冥途高遊方廣之通衢恒演
圓伊之妙理
天平寶字二年六月一日

図６　大小王真跡帳（北倉160）

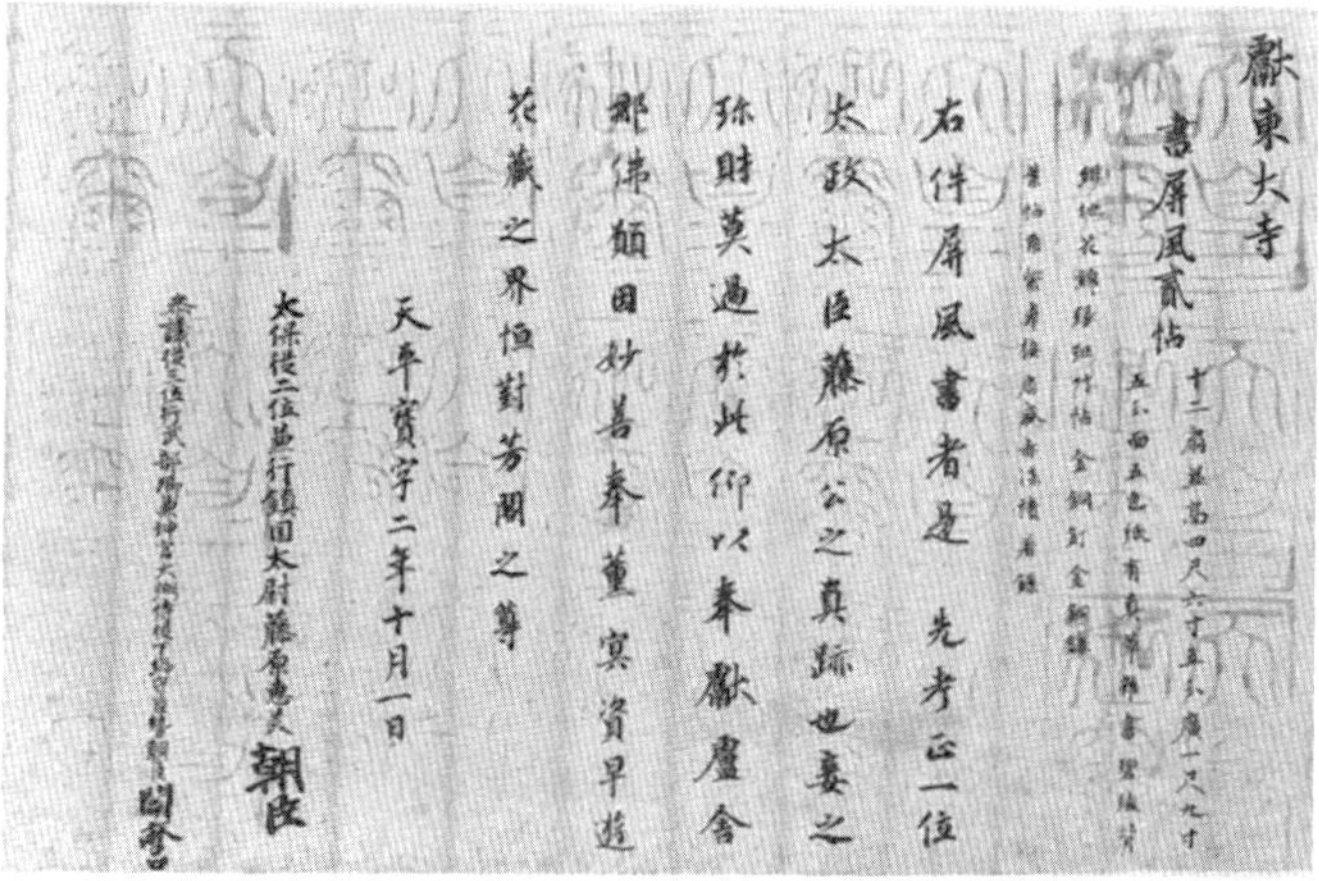
獻東大寺
書屏風貳帖
右件屏風書者是　先考正一位
太政太臣藤原公之真跡也妾之
珎財莫過於此仰以奉獻盧舎
那佛願因妙善奉董冥資早遊
花藏之界恒對芳閑之尊
天平寶字二年十月一日

図７　藤原公真跡屏風帳（北倉161）

右の件のものは、今月十七日に勅を奉じて東大寺に献納すること、具《つぶさ》に前件の如し、とある。①の献上を行った後、まだ宮中に残っている宝物を天平勝宝八歳七月十七日の勅に基づいて、追加献上したものといわれている。

④の「大小王真跡帳」には「大小王真跡書一巻」だけを記しているが、この一巻を光明皇后は東大寺に献上されたのである。実はこれは、聖武天皇の御遺愛の王羲之《おうぎし》・献之《けんし》父子の記した一巻が宮中の篋底《きょうてい》にあったので献上したものである。献物帳の文言によると、「大小王真跡書一巻」は黄半紙に、表の面には王羲之の書が九行七七字、その背面には子供の王献之の書が一〇行九九字記されている。ただこの書巻は弘仁十一年（八二〇）十月三日に出蔵し、沽却《こきゃく》されているため、書の内容、体裁などよくわからないが、願文に、

右の書法は、是れ奕世の伝珍なり、先帝の玩好のものなり

とあるから、古くから宮中に伝えられ、聖武天皇もまた本書を大切にしておられたから、したがって光明皇后としても格別の想いがあったのであろう。①と③の献上に漏れたものが、ここで追加献上されたのである。

⑤の「藤原公真跡屛風帳」は、藤原不比等《ふじわらのふひと》の真跡の屛風である。献物帳によると、五色の紙に真草二体の文字で記した屛風二帖であったという。この屛風が光明皇后にとって

は最高の財宝であることは、皇后自身がこの屏風を献納するにあたり、

妾の珍財、此れに過ぐるものなし

と献納の趣意書に記しているとおりである。したがって皇后は、そのような屏風の散逸することを惜しんで東大寺大仏に献上したもので、聖武天皇のご遺愛品とは直接関係ない。

以上のことから、聖武天皇にゆかりのある宝物が東大寺に献上されたのは①③④の献物帳に記された宝物ということになる。②⑤は光明皇后にゆかりの品である。なおこれらの献物帳にいずれも「天皇御璽《ぎょじ》」が捺《お》されている。このことからこれらの献物帳の作成者を光明皇后か孝謙天皇のいずれかとの議論もあるが、その点について、もう少し詳しく見てみよう。

たとえば①②⑤は光明皇后のもの、③④は孝謙天皇のものとする説、また①②④⑤は光明皇后、③は孝謙天皇のものとする説がある。このうち①②と⑤が光明皇后によって献納されたことは明確である。したがって③と④がだれによって献納されたのかが問題になろう。そこで③の文言を見ると、「奉勅」の語があるが、まず③の文書の巻末の署名者を見ると、①②の文書の加署者に加えて巨勢堺麻呂の名が見える。ところがこの堺麻呂の官職をみると、藤原仲麻呂らと同じく紫微中台の官人である。この点から見ると①②と③の文

書は同じ立場において署名していると考えて差し支えないから、③の文書は光明皇后の指示に基づいて作成された文書ということになる。一方④の文書はどうか。そこには「勅」とあるから、「勅」は一体だれが発給したのかということであるが、注目されるのは、本文書に加署しているのは、紫微内相ただ一人である。ところで参考になるのは⑤の文書である。まず⑤の文書には「勅」とはないこと、つぎに⑤に加署しているのは二名であるが、うち一名は④の加署者である藤原仲麻呂である。しかしこの時点で仲麻呂は太保とあって、紫微中台の官人ではなくなっている。しかし彼が本文書に署名しているのは太保ということもあるが、仲麻呂にとっては祖父に当たる藤原不比等の書屏風ということもあって、加署したものと思われる。では④の文書に見えるもう一名の巨勢関麻呂はといえば、③の文書に見えた巨勢堺麻呂と同一人物で、彼は紫微中台の官人として署名しているのである。これらのことから考えると、形式的な議論ではなく、実際には光明皇后の指示によって「天皇御璽」が捺されているのである。

なお右に関連して、一、二の問題を指摘しておこう。一つは近年の研究によって、「勅」とあるからといって、「勅」はすべて天皇から発給されるのではなく、紫微中台である光明皇后もその意志を「勅」の形式で発することがあるという事実を解明されている。

もう一点は、これらの東大寺献物帳がすべて光明皇后の独断で処理されていたわけではなく、孝謙天皇がまったく承知していなかったわけではないことも確認しておきたい。たとえば「国家珍宝帳」によると、「赤漆文欟木御厨子《せきしつぶんかんぼくのおんずし》」は天武天皇以降の歴代天皇が伝領してきたが、聖武天皇から伝えられた厨子を今上天皇（孝謙天皇）が東大寺に献納している。このことは、形式的な議論ではなく、実際には光明皇后（紫微中台《しびちゅうだい》）の指示によって「天皇御璽」が捺されていたのであって、孝謙天皇の了解のもとに行われていたものと考えてよいと思う。

なお皇室からの献上品がこれだけでなかったことは後述するが、献物帳を伴う献上品は以上の五通によるものと考えてよい。いずれにしろこの後、正倉院宝庫の管理に、皇室が深くかかわるのはこのことに基づいている。

側近者の献上品

第二は、天皇・皇后以外の人々からの献物品である。

正倉院宝物の中に献物牌といわれる木牌《もくはい》がある。たとえば中倉に「尼信勝」「尼善光」「藤原朝臣袁比良売献舎那仏」「橘夫人」「藤原朝臣百能」と記す木牌が五枚あり（中倉六六）、また中倉の別の箇所には「従三位藤原朝臣吉日」「橘少夫人」と記す木牌（中倉一〇八）や、さらに「藤原朝臣久米刀自売献舎那仏」と記す木牌もある（中倉一一二二)。献物牌はこのほかにも若干あるが、右の木牌には献上の時期について明記していないが、「献舎那仏」と記すものがあるから、これらが東大寺大仏に献上されたものであることは明白である。

右の人々の宝物献上の理由は明白でないが、これらの木牌に見える人々のうち、藤原朝臣袁比良売《おひらめ》は藤原房前《ふささき》の娘で、のち仲麻呂の室となり、天平宝字六年(七六二)に薨去したときは尚蔵兼尚侍である。藤原百能は藤原麻呂《まろ》の娘で、豊成の室、延暦元年(七八二)に薨去のときには尚侍従二位である。藤原吉日の系譜は不明であるが、大仏建立《こんりゆう》の功によって、従四位上より従三位に叙されている。橘夫人は橘古那可智《たちばなのこなかち》で聖武天皇の夫人、橘少夫人は橘古那可智を指すとする説と県犬養宿禰広刀自《あがたいぬかいのすくねひろとじ》を指すとする説があるが、後者の場合、安積《あさか》親王の母で聖武天皇夫人である。このように木牌に見えた人々は聖武天皇の夫人をはじめ後宮の人々である。また尼善光は法華寺寺主で、善光朱印経の企画者として知られている。法華寺は光明皇后にゆかりの深い寺で、尼信勝の経歴は不明であるが、信勝は尼善光とともに聖武天皇や光明皇后の側近に奉仕していたのではあるまいか。これら後宮の人々が、いつ大仏に宝物を献上したのか右に見た木牌では明確でない。しかし参考になるのは次の木牌である。中倉の「漆小櫃《うるしのしょうき》」(中倉七九)の木牌に

「　馬脳(マヽ)坏二口　　水精玉五枚

(表)　納　白琉璃高坏一口　雑香六裹

　　練金十一枚　　」

(裏)「天平勝宝四年四月九日　　第一櫃」

とあり、また中倉の「赤漆欟木小櫃《せきしつかんぼくのしょうき》」(中倉八三)の木牌にも次のようにある。

　「不レ知二献者一」

　　銀合子一合　　銀鋺一口　　居二黒柿台一

(表)　八曲坏二口　　十曲坏二口　　銀盤一口

　　居二黒柿櫃一　　天平勝宝四年四月九日」

　この木牌では誰が瑪瑙坏などを献上したのか明らかではないが、大仏開眼会《かいげんえ》の行われた天平勝宝四年(七五二)四月九日に聖武天皇や光明皇后が当日着用していた礼服を献上したとする次のような木牌(北倉一五七)も伝わっている。

(表)「納礼服二具 一具大上天皇 一具皇大后　　第三櫃」

(裏)「天平勝宝四年四月九日　　第三櫃」

右のことから考えると、先ほどの木牌に見えた後宮の人々は聖武天皇や光明皇后の側近にいた人々で大仏開眼に当たって天皇らが東大寺大仏にゆかりの宝物を献上したとき、同時に宝物を献上したのであろう。

宮中行事の品々

第三は宮中における年中行事用品の献納である。いくつかの例をあげてみよう。

天平宝字二年（七五八）正月に宮中では例年通りさまざまな行事が行われているが、まず正月最初の子日《ねのひ》に、天皇は宮中において親《みずか》ら辛鋤《からすき》を使い農耕儀礼のひとつの所作《しょさ》を行っている。そのことを示すのが「子日手辛鋤」（南倉七九）の銘文、

（表）「東大寺子日献 天平宝字二年正月」

で、これに関係のある木牌がこのほかにも四点存在している。

右と同じ日に蚕神《かいこがみ》を祭る儀礼が行われている。すなわち「緑紗几覆《みどりのしゃのつくえのおおい》」（南倉七七）によると、

（表）「子日目利箒机覆　天平宝字二年正月」

とあり、これに類した子日目利箒《ねのひのめどきのほうき》机覆関係の宝物がほかに四点ある。

『万葉集』巻二十によると、天平宝字二年正月最初の子の日、つまり正月三日に、大伴《おおともの》宿禰家持《すくねやかもち》は

始春の　初子の今日の玉箒　手にとるからに　ゆらく玉の緒

という歌を詠んでいる。この日、天皇は群臣を内裏《だいり》の東屋《あずまや》の垣下に侍らせ、玉箒を賜いて肆宴《しえん》を行わせられ、藤原仲麻呂は天皇の勅を奉じて諸王卿等に対し、歌をつくり詩を賦すようにと述べている。これに応えて家持の詠んだのが先の歌である。

初子の日から三日後の初卯《う》の日に、宮中では魔よけの杖を進める儀が行われるが、正倉院に伝わる数多い「多足几」の一つ（中倉二〇二第一七号）に、次のような銘文が記されている。

（表）「卯日御杖机　天平宝字二年正月」

右の銘文の意味は、天平宝字二年正月卯日（六日）に御杖を献上した時の机である、と記している。

また宮中で行われた盂蘭盆会《うらぼんえ》に当たり、いろいろなものが宮中から大仏に献上されたようである。南倉の褥類のうち「几　褥　心麻布《つくえのじょくのしんのまふ》」（南倉一五〇第四六号）に、

（表）「天平神護元年七月十五日自
　内裏献大仏盛□物机褥　」

と記すものがある。

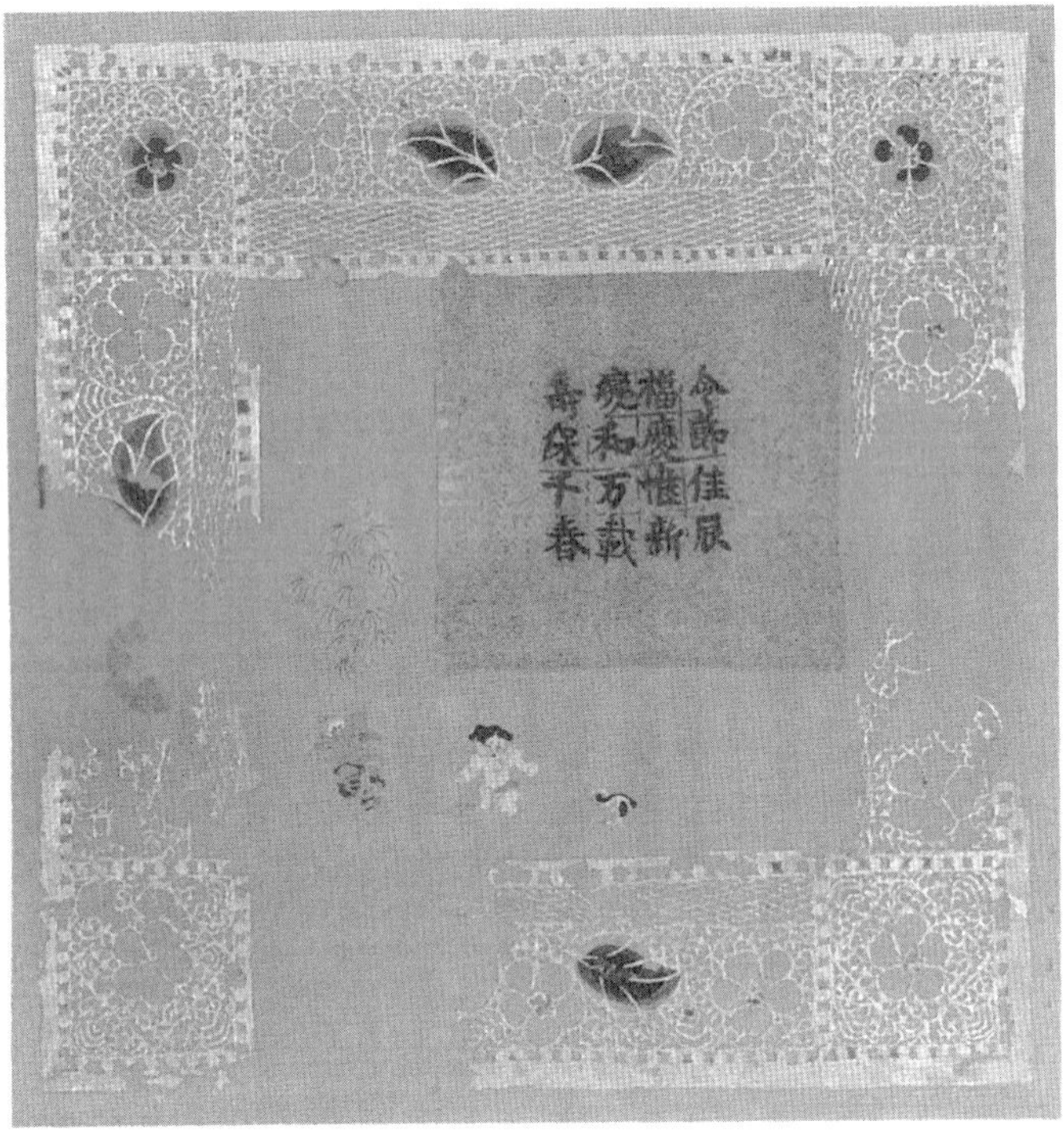

図８　人勝残欠雑帳（北倉156）

以上のうち前三者については、その儀式がどこで行われたものか明確ではないが、二番目の子日目利箒は『万葉集』の玉箒と考えてよいから、天皇・皇后の主催する宮中行事であり、四番目の盂蘭盆会のものも、木牌によると、内裏より大仏に献上された何かを盛った机の褥とあることからわかるように、この盂蘭盆会は宮中の行事である。おそらく手辛鋤や卯杖の行事も宮中行事と考えてもよいのではないかと思う。

斉衡《さいこう》三年（八五六）六月二十五日付の雑財物実録《ざつざいもつじつろく》によると、天平宝字元年（七五七）閏八月二十四日に大刀子一口、人勝《じんしょう》二枚が東大寺大仏に献納されたと記している。大刀子一口がいつ用いられたもので、どのような趣旨で献上されたのか不明である。しかし人勝は、古く中国において、正月七日の人日《じんじつ》に一年の吉凶を占うための儀礼で用いられたものである。この日、色絹や金箔を貼った紙箋を文様に切り、屏風に貼ったり頭髪に飾ったりして疫病を払い、子孫の繁栄を願ったという。人勝はそのときに用いられた飾りである（人勝残欠雑張《じんしょうざんけつざつちょう》〈北倉一五六〉）。

東大寺儀式の品々

第四に、東大寺において行われた儀式関係品がある。現在、宝物から知ることのできる儀式には次のものがある。

⑥天平勝宝四年（七五二）四月　九日東大寺大仏開眼会用品

⑦天平勝宝五年（七五三）三月廿九日東大寺仁王会用品
⑧天平勝宝六年（七五四）五月　三日大弁才天女壇法用品
⑨天平勝宝七歳（七五五）七月十九日太皇太后藤原宮子一周忌斎会用品
⑩天平勝宝八歳（七五六）五月　二日聖武天皇崩御当日用品
⑪天平勝宝八歳（七五六）五月十九日聖武天皇葬送儀用品
⑫天平勝宝九歳（七五七）五月　二日聖武天皇一周忌斎会用品
⑬天平神護三年（七六七）二月　四日称徳天皇東大寺行幸時に献納
⑭神護景雲二年（七六八）四月　三日称徳天皇東大寺行幸時に献納

大仏開眼会

まず⑥の天平勝宝四年（七五二）四月九日であるが、『続日本紀《しょくにほんぎ》』によると、

盧舎那大仏の像が成り、始めて開眼す、是日、東大寺に行幸し、天皇親《みずか》ら文武百官を率い、斎《さい》を設《もう》けて大いに会《かい》す、其の儀はもはら元日に同じ、（中略）仏法東帰より、斎会の儀、未だ嘗つて此の如き盛んなることあらざるなり、

とあるように、この日、東大寺で行われた大仏開眼の儀はわが国の仏教儀式としてはもっとも盛大なものであった。右の（中略）とした部分によると、大仏殿の前で、雅楽寮や諸

寺の音楽が奏《かな》でられ、さまざまな舞が演じられていたと記されている。『続日本紀』にいうように、いまだかつてなかったような大規模な儀式が行われているが、残念なことに『続日本紀』には当日どのような調度が用いられていたのか明らかでない。

ところが正倉院には、先にも記したが、開眼会の日付を記している宝物が少なくない。その中には、聖武天皇や光明皇后がその儀式に出御した時に着用の礼服もある。そのことを示す資料をもう一度掲げておこう。すなわち「礼服御冠残欠」（北倉一五七）とともに伝わる

（表）「納礼服二具一具大上天皇 一具皇大后　第三櫃」

（裏）「天平勝宝四年四月九日　第三櫃」

と記す木牌がそれである。木牌に見える太上天皇、皇太后はそれぞれ聖武天皇、光明皇后のことであるから、これらの礼服は聖武天皇や光明皇后が開眼会のときに着用していたことは明らかであるが、これらがいつどのような形で東大寺に納められたのか具体的には不明である。また後述するが、これらの礼服は今存在していない。おなじく御冠も残欠しか伝わっていないが、右に見えた木牌や若干の関係記録によって、開眼時の礼服などの様子は明らかにできる。

右のほかにも献物几・幡類・机帯・箱類や伎楽面・呉楽《くれがく》・大歌《おおうた》などの楽関係の装束などに「天平勝宝四年四月九日」と記しているものがある。これらが大仏開眼会の用度品であることは間違いない。おそらくこれらは大仏開眼会の法要で用いられた後、そのまま東大寺に納められたものと考えられる。

仁王会　⑦天平勝宝五年（七五三）三月二十九日に東大寺において仁王会が行われた。『続日本紀』によると、当日、

東大寺に於いて百の高座を設けて仁王経を講ぜしむ、

とあるが、引き続き『続日本紀』には、次のように記している。

是日、飄風《ひょうふう》が起こり、説経竟《お》わらず、是に於いて、四月九日を以って講説するといえども、飄風また発《お》こる、

いわゆるつむじ風のために、仁王経の講説は中断を余儀なくされ、灌仏会《かんぶつえ》の翌日、四月九日に延期されているが、またその時にも飄風が起こったと伝えられている。したがってこのときの仁王会は順調ではなかったが、この日の儀式に用いられたという全浅香《ぜんせんこう》（北倉四二）が正倉院にいまも伝わっている。この全浅香は後に触れる蘭奢待《らんじゃたい》とともに両種の香といわれる名香である。またそれに付されたと思われる牙牌《げはい》も存在している。それには、

（表）「仁王会献盧舎那
　　仏浅香壱村　」
（裏）「天平勝宝五年歳
　　次癸巳三月廿九日」

とあり、右とは別に、大変すばらしい「金字《きんじの》牙《げ》牌《はい》」（中倉六四）が伝わっている。すなわ

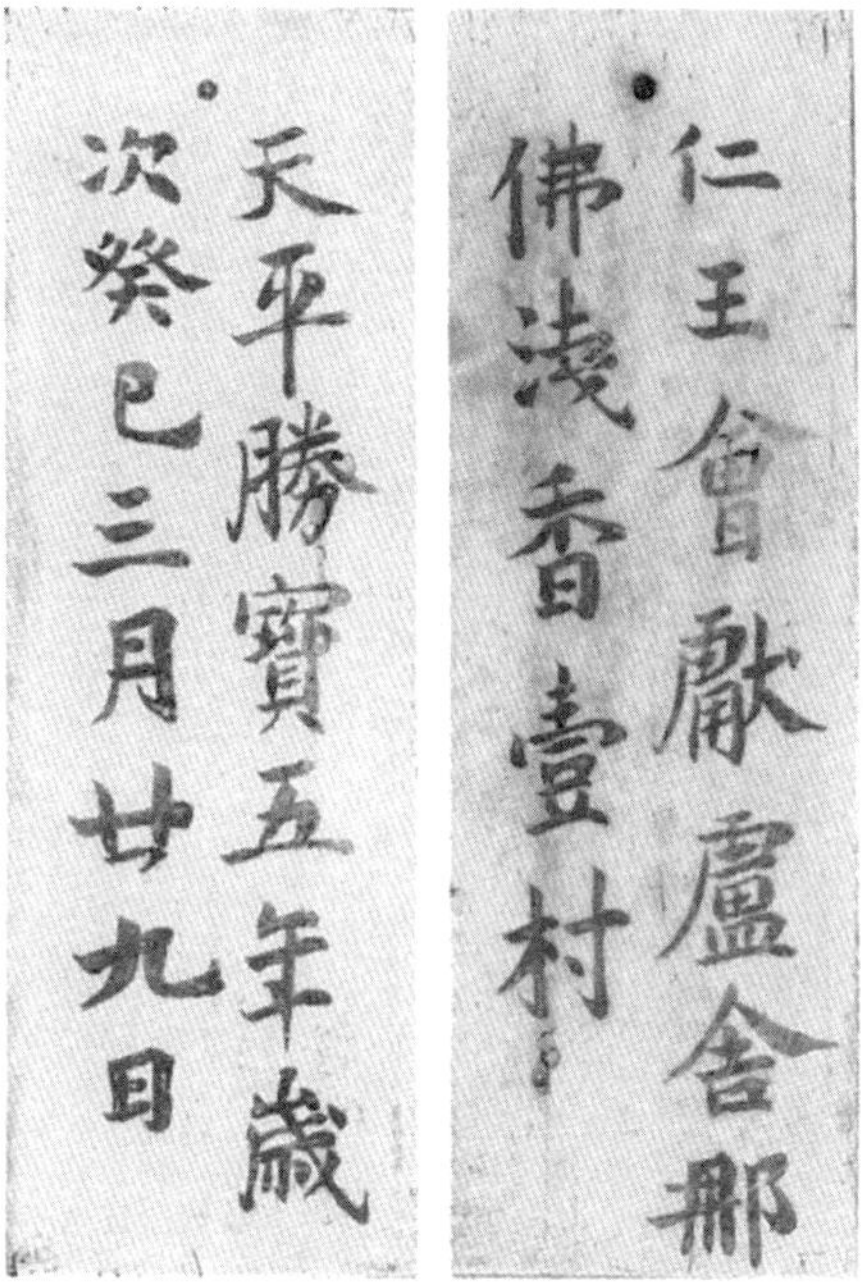

図９　全浅香牙牌（北倉41）

ちこれは象牙の牌で、金字で次のように記している。

（表）「平城宮御宇中太上天皇恒持心経」

（裏）「天平勝宝五年歳次癸巳三月廿九日」

なお象牙牌に見える「中太上天皇」とは聖武天皇のことである。

大弁才天女壇法　⑧天平勝宝六年（七五四）五月三日に東大寺において大弁才天女壇法が行われている。

『続日本紀』には、「大弁才天女壇法」のことはどこにも記していない。しかし東大寺において、大弁才天女像の造顕が行われていたらしく、この日に同像の落慶法要が行われたのである。その用度品が東大寺に納められ、今に伝えられている。南倉の「緋絁《あしぎぬ》」（南倉一四八第三三号）に、

「大弁才天女壇於敷緋絁長三尺五寸

東大寺　天平勝宝六年五月三日」

とあり、このほかにもこの行事に関連のある天蓋・幡などの残欠・断片など一〇片ぐらいが伝わっている。

藤原宮子の一周忌

⑨天平勝宝七歳（七五五）七月十九日に太皇太后藤原宮子の一周忌斎会が行われている。その前年七月十九日に崩御した宮子は聖武天皇の生母であり、光明皇后にとっては姉に当たることから、葬儀そのものが盛大に行われていることは『続日本紀』の記事からも窺える。すなわち皇太后が中宮において崩御されるや、その翌日、御装束司や造山司の官人を補し、八月四日、安宿王《あすかべおう》が誄人《るいじん》を率いて誄《しのびごと》を奉り、千《ち》尋《ひろの》葛藤《かつら》高知《たかしる》天《あめの》宮姫《みやひめ》之《の》尊《みこと》の諡《おくりな》を奉っている。そしてこの日、七月十九日に佐《さ》保《ほ》山陵《やまのみささぎ》に葬っている。ところがその一年後の周忌斎会については『続日本紀』に記事が見えない。天皇の生母である皇太后の一周忌であるから、葬儀同様に盛大に行われていたと推定できるが、正史ではどのような規模の儀式なのか確認できない。しかし正倉院に残っている宝物類によると、盛大な儀式の様子を窺うことができる。たとえばその時に用いられた花籠《けこ》（南倉四二）の外底部に、

「中宮斎会花筥
　天平勝宝七歳七月十九日
　　東大寺　　　」

と記すものが一五口ばかりあり、中宮宮子の一周忌の斎会に用いられた花籠であることが

わかる。このほかにも、

「戒堂院聖僧供養盤天平勝宝七歳七月十九日」

と記す磁皿《じざら》（南倉八）が三口あるから、中宮藤原宮子の一周忌が戒堂院で行われていたことも理解できる。

聖武天皇崩御当日の儀

⑩天平勝宝八歳（七五六）五月二日、聖武天皇が崩御されたが、『続日本紀』には、

是日、太上天皇寝殿に崩ず、

と記し、翌日、使者を遣わして三関を固守せしめ、御装束司以下の諸役を定め、その後もさらにさまざまな行事を行っている。しかし天皇崩御の記事は前記のとおりであって、具体的な内容はよくわかっていない。ところが正倉院宝物の中に、たとえば「櫃覆町形《ひつおおいのまちがたの》帯《おび》」（南倉一四七帯緒類第八号）といわれるものがあって、それには次のように天皇崩御の日の銘文が記されている。

「東大寺櫃町形帯天平勝宝八歳五月二日」

このような例はほかにも多く、右の櫃覆町形帯のほかの帯（南倉一四七帯緒類第九）、同紐・同櫃綱（南倉一四七帯緒類第一〇号以下一九号）が大量に残っており、当日の行事の規

模を窺わせている。なおこれらの町形帯や櫃綱は、種々の供物を納めた櫃にかけられたものといわれている。

聖武天皇葬送の儀

⑪天平勝宝八歳（七五六）五月十九日に聖武天皇の葬送の儀が盛大に行われている。『続日本紀』によると、

太上天皇を佐保山の陵に葬り奉る、御葬の儀は仏に奉るが如し、供具《くぐ》に師子座香炉、天子座の金輪《こんりん》の幢《どう》、大小の宝幢、香幢、花鬘《けまん》、蓋繖《きぬがさ》の類有り、路にありて笛人《ふえびと》をして行道の曲を奏でしむ、

と太上天皇を佐保山陵に葬っているが、葬送の途次、笛人をして道行《みちゆき》の曲を吹かしめているように、その葬儀は盛大に行われている。

しかも『続日本紀』にいう葬送の供具は具体的であるが、いま正倉院に伝わる「花鬘緒」（南倉一四七—七—一、一四七—七—二）をはじめ、「緑絁綱《みどりのあしぎぬのつな》」（南倉一九—一二）、あるいは「緑絁紐」（中倉二〇二第七二号櫃）などがそれに当たるものと考えられる。一例として、「緑絁紐」に記す銘文によると、

「師子座小枌
天平勝宝八歳五月十九日納東大寺」

とあるとおりである。

聖武天皇の一周忌斎会

⑫天平勝宝九歳（七五七）五月二日は聖武天皇の一周忌斎会の日で、『続日本紀』によると、一五〇〇余人もの僧侶を東大寺に招いて法要が行われたと記している。それだけでも盛大な儀式であることがわかるが、正倉院には、南倉の花籠《けこ》（南倉四二）をはじめ、金銅鎮鐸《こんどうちんたく》（南倉一六四）、大幡残欠《だいばん》（南倉一八四大幡残欠）あるいは道場幡《どうじょうばん》（南倉一八四幡類残欠）などが大量に残っているが、たとえば道場幡には朱書で、

「平城宮御宇後太上天皇御周忌御斎道場幡
　（墨書）「東大寺」
天平勝宝九歳歳次丁酉五月二日己酉左番　」

と記している。現在、このような幡は南倉と中倉に収納されているが、併せて六〇〇旒《りゅう》ばかり存在している。したがって聖武天皇の一周忌の法要には少なくとも六〇〇旒、実際にはそれ以上の幡が東大寺の境内にはためいていたことになろう。

称徳天皇の東大寺行幸

⑬天平神護三年（七六七）二月四日と⑭神護景雲二年（七六八）四月三日に称徳天皇が東大寺に行幸《ぎょうこう》されたが、『続日本紀』によると、⑬については「幸東大寺」とあり、そのことは正倉院の南倉に収納されている「銀壺一双」（南倉一三）とおそらくそのときに用いられたと思われる「献物几褥《けんもつきのじょく》」（南倉一五〇第三四号）からも窺える。いま銀壺に見える銘文を記すと、

甲（外底刻文）「東大寺銀壺重大五十五斤　甲
　　蓋実幷台惣重大七十四斤十二両
　天平神護三年二月四日　　　　」

とある。今ここで紹介したのは銀壺一双のうち甲に記されている銘文であるが、乙にも重量が若干違うだけでほぼ同じ形のものが伝わっており、そこに記されている銘文もほとんど同様である。したがって称徳天皇が東大寺に行幸のとき、甲乙二つの銀壺が大仏の前に据えられたのであろう。なお正史によると、この日、引き続き国中連公麻呂《くになかのむらじきみまろ》ら東大寺の造顕に貢献した人々に叙位したと記されている。

ところが⑭の神護景雲二年（七六八）四月三日に称徳天皇が東大寺に行幸されたときのことは正史に見えない。しかし中倉の「碧地彩絵几《へきじのさいえのき》」（中倉一七七第一五号）の銘文による

と、

（几貼箋）「大仏献物」

（褥　裏）「長一尺七寸　広一尺二寸　以神護景雲二年四月三日幸行献大仏殿東大寺」

とあり、天皇の行幸の事実が確認できる。この日が何に関連するのか明らかでないが、正史に見えない天皇の行幸が正倉院宝物に記されている銘文によって確認することができるのである。

以上⑥〜⑭は東大寺における宮廷関係の儀式用品である。そのなかには、これらの宝物がどのように用いられたのか、必ずしも明確でないものもあるが、そのほとんどは東大寺で催された儀式に際し用いられた品であったと思われる。

このように、正倉院に収納されている宝物は、第一番目に取り上げたように、献物帳を伴っての献上品で、その献物帳によって宝物の材質や技法、法量や数量などが確認できるのである。正倉院宝物が少なくとも一二〇〇余年も前の記録に合致するということは世界史的に見ても稀有なこととといわざるをえない。

第二に、正倉院宝物は、宝物自体に付けられている付箋、木牌、あるいは墨書・朱書などによって、それがいつ、どのような儀式に用いられたか、時には儀式の内容などを確認することができる。宝物に記されている銘文によって、宝物の価値自体が明らかになるとともに、これまで知られていなかった事実が、客観的な文言で確認できるのである。

なお宝物成立の四類型のうち、第一類型のものは北倉に、その他のものは中倉と南倉に分散して収納されているが、とくに東大寺における法要関係のものは南倉に納められている。これらについては、後に改めて取り上げることにしよう。

正倉院宝物前史

天皇より諸寺への献納

正倉院宝物の成立に関する諸形態を取り上げてきたが、聖武天皇ご遺愛の品が献上されたのは必ずしも東大寺だけではなく、法隆寺などに対しても行われていたことは、現存する法隆寺献物帳によっても確認することができる。

したがって皇室からの宝物献上は東大寺に限られていたわけではない。それどころか、皇室から寺院への宝物献上の例はすでに七世紀から行われていたのである。若干の史料をあげてみよう。

ⓐ『日本書紀』天智天皇十年十月是月、天皇遣使奉袈裟、金鉢、象牙、沈水香、栴檀香

及諸珍財於法興寺仏、

ⓑ『日本書紀』天武天皇十四年五月是月、天皇幸于飛鳥寺、以珍宝奉於仏而礼敬、

ⓒ『続日本紀』養老六年十一月丙戌、奉為太上天皇、敬写華厳経八十巻、大集経六十巻涅槃経四十巻、大菩薩経廿巻、観世音経二百巻、造灌頂幡八首、道場幡一千首、着牙漆几卅六、銅鋺器一百六十八、柳箱八十二、即従十二月七日、於京幷畿内諸寺、便屈請僧尼二千六百卅八人、設斎供也、

まず右のⓐであるが、天智天皇十年（六七一）九月に天皇は不予となり、翌十月庚辰《かのえたつのひ》（十七日）には病が重くなって皇太弟大海人《おおあま》皇子を臥内に招き入れて後事を託している。このとき皇太弟は天皇の申し出を辞退し、出家して天皇の病気平癒を祈るといい、実際に髪を下ろして吉野山に入られている。この後、いわゆる壬申の乱が発生することになるが、そのことは措《お》いて、同月に天皇は袈裟や法具、その他、身辺の珍財を法興寺（飛鳥寺）の仏にも奉られたのである。

ⓑは天武天皇が十四年（六八五）五月飛鳥寺に幸し、珍宝を奉っているが、このころから天武天皇の不予がしばしば伝えられ、この年九月丁卯《ひのとうのひ》（二十四日）に天皇は大官大寺、川原寺、飛鳥寺などにおいて経を読ましめているが、十二月己巳《つちのとみのひ》（二十七日）に、法蔵

法師・金鍾が白朮《おけら》を煎じて献上するとともに、この日に天皇のために招魂の儀を行っている。このとき法蔵は天皇の病気回復のために薬を煎じて献上する一方で、天皇の魂が肉体から遊離するのを防ぐための儀を行っているのである。

しかしこのような投薬や祈念の儀にもかかわらず、天皇は翌年九月九日崩御される。一年少し前に行われた飛鳥寺への財物奉献は、天皇の病気平癒を祈ったものであったと考えてよい。

ⓒは養老六年（七二二）十一月十九日に太上天皇の奉為に華厳経八〇巻をはじめ大集経八〇巻などの写経を行わせたのをはじめ、灌頂幡八首や道場幡一〇〇〇首などを造らせ、さらにさまざまな飾りのついた几、銅鋺器、柳箱などを大量に造り、京・畿内の諸寺に分けて納めさせるように命じている。ここに言う太上天皇とは前年十二月七日に崩御された元明天皇のことで、同天皇の菩提を弔うためのものであったことはいうまでもない。

ⓐとⓑは天皇の病気平癒のために、ⓒは一周忌を迎えた太上天皇の冥福を祈願するものとして各寺に奉られたものである。

そのことはⓓ「法隆寺伽藍縁起幷流記資財帳」やⓔ「大安寺伽藍縁起幷流記資財帳」によっても確認できる。

ⓓ「法隆寺伽藍縁起幷流記資財帳」(「法隆寺資財帳」と略す)によると、法隆寺は聖徳太子の菩提を弔うために建立し、太子のために太子の夫人や太子を慕う人々、あるいはまた仏教の興隆を願う人々によって多くの財物が施入されているが、その財物を書き上げた「法隆寺資財帳」の中に、小幡・灌頂幡、あるいは白銅供養具として鉢・鋺・多羅などに続けて、

右、養老六年歳次壬戌十二月四日、納賜平城宮御宇天皇者

と記すものがある(『大日本古文書』二―五八三、五八六)。これらは、おそらく先のⓒに関係するものと思われる。

この後も聖武天皇や光明皇后によって施入された供養具関係品は少なくない。またⓔ「大安寺伽藍縁起幷流記資財帳」(「大安寺資財帳」と略す)によると、やはり供養具の中に、

右、平城宮御宇天皇、以養老六年歳次壬戌十二月七日納賜者

と記すものがあり(『大日本古文書』二―六二八、六四〇)、実際に白銅鉢や同多羅・白銅鋺・同匙、あるいは秘錦大灌頂幡やその関連の用具などが納められたとあり、これらもⓒとは日付に若干の相違はあるものの、おそらくⓒに関係するものと思われる。

「大安寺資財帳」によると、「繍菩薩像一帳」に注して、

右、以丙戌年七月、奉為浄御原御宇天皇、皇后幷皇太子奉造請坐者

とあり（『大日本古文書』二―六二八）、丙戌年は朱鳥元年（六八六）に相当する。この少し前ころから病気がちであった天武天皇は、二ヵ月後に崩御された。このことから判断すると、「繍菩薩像一帳」は天皇の病気平癒を祈念しての寄進であり、おそらく先のⓑに関連する財物の施入であったと考えられる。

このほか「法隆寺資財帳」や「大安寺資財帳」によると、仁王経・観世音経・心経などの経巻をはじめ、金・銀銭・水銀・白鑞・銅・鉄・鍬・銭・供養具など、また鉄銅鉢・白銅飯鋺・白銅鋺などが大量に納められている。それらの献納の理由は、おおむね宮中における貴人の病気平癒や菩提を弔うものであったと考えられる。

また、

右、癸巳年十月廿六日仁王会、納賜飛鳥宮御宇天皇

とか、

右、天平元年歳次己巳、為仁王会、納賜平城宮御宇天皇者

と記すものがある（『大日本古文書』二―六〇一）。癸巳年とは持統七年（六九三）のことで

ある。したがって持統天皇朝と天平元年（七二九）の聖武天皇朝にそれぞれ宮中で催された仁王会の関係用品が納められているのである。正倉院宝物の中に、やはり仁王会関係の品が献納されているが、基本的には同じ形態のものであろう。

大量の香が納められているのも特徴の一つである。『日本書紀』の天智天皇十年（六七一）十月是月条によると、天智天皇は法興寺に沈水香《じんすいこう》・旃檀《せんだん》香を施入しているが、「法隆寺資財帳」によると、法隆寺においても、たとえば天平六年（七三四）には、光明皇后が白檀・沈水香・浅香・丁子《ちょうじ》香・安息《あんそく》香・薫陸《くんろく》香・甘松香・楓香・蘇合《そごう》香・青木《せいもつ》香、さらに麝香を納めて、その二年後には聖武天皇も薫陸香・沈水香・浅香・青木香などを献上している（『大日本古文書』二―六〇二）。もとよりこれらは仏具とはいえないが、法要の際の香として使用されるものであるから、そのようなものが法隆寺に納められていてもとくに不思議はないであろう。

光明皇后による十八寺への献納

さて先に東大寺に献上された五通の献物帳のことを取り上げたが、まず「国家珍宝帳」と「種々薬帳」はともに聖武天皇の七七忌に当たる天平勝宝八歳（七五六）六月二十一日に献上されているが、第三番目の「屏風花氈等帳」は七七忌からほぼ一ヵ月後の七月二十六日のことであった。

ところがその間の七月八日法隆寺に対し、光明皇后から聖武天皇ゆかりの御帯一条、御刀子三口、青木香二〇節が献上されたことが現存の「法隆寺献物帳」に記されている。「法隆寺献物帳」によると、その末尾の願文の部分には「国家珍宝帳」の願文と同じ文言のものが記されており、書体、用紙なども「国家珍宝帳」と同じであるといわれていることから、献上の日付に若干の相違はあるが、ほとんど時を隔てることなく書き記されたものと思われる。右に述べたように、「法隆寺献物帳」の願文にも、

先帝翫弄の珍、内司供擬の物、各数種を分かち、謹んで金光明等十八寺に献ず

とある。したがって天皇ゆかりの品が、法隆寺や金光明寺つまり東大寺を含む一八寺に分与されたことがわかる。ただ残る一六ヵ寺が具体的にどの寺を指すのか明確でないが、京内の主要な寺院は含まれているのであろう。天皇の初七日と二七日には七大寺において、三七日には左右京の諸寺において誦経を行い、また五七日には大安寺において、六七日は薬師寺で、七七日忌は興福寺において斎を設け、天皇の冥福を祈っている。したがって一六ヵ寺の中にこれらの諸大寺が含まれていたことは間違いなかろう。もとよりこれら諸大寺に対する献上品の内容に違いはあるにしても、光明皇后は聖武天皇にゆかりのある宝物を東大寺をはじめ、京の内外の主要な寺院に施入し、冥福を祈られたのである。

その後も、さまざまな追悼の儀が行われているが、一周忌のための準備もまたいろいろな方法で進めていたようである。天平勝宝八歳六月壬辰《みずのえたつのひ》（十日）には使工を分遣して諸国の仏像を検催させ、来年の忌日には造り了らせ、また仏殿も作るように命じている。また是年十二月己亥《つちのといのひ》（二十日）には、越後、丹波等二六ヵ国に対し、国別に灌頂幡を各一具、道場幡四九首、緋綱二条を頒下し、一周忌の御斎会の荘厳に備えさせようともしている。これらの幡などがもともといつ使われたものかよくわからないが、おそらくは七七忌の法要に用いられたものが頒賜されたのではあるまいか。なおこのようにして頒下された幡などについては、その後、永く各国の金光明寺、すなわち国分寺に安置して寺物とし、必要に応じて出用してもよいと述べている。寺に施入されたこれらのものが、永く寺の財産として管理されるのはもとより、それらは必要に応じて用いてもよいと述べている点に注目しておきたい。

宝物献納の意味

ここであらためて光明皇后が東大寺に聖武天皇の遺愛の品を献上した意味について検討しておこう。もっとも、すでに関根真隆氏が既往の研究を整理して四説に分け、それらを検討しつつ、加えるにさらにもう一点あると自説を展開しておられるから、関根氏の整理にしたがって、まず五説を簡単に紹介し、若干の問題点を記すことにしたい。

1　東大寺に宝物を献上したのは、冢墳の墓壙に死者が遺愛の品を埋蔵するのと同じ主旨によるもの。

2　国家の珍宝を献納するのは、永久保存を目的とするものである。

3　光明皇太后は工芸的・美術的価値の高いものを認識しそれらを選んで奉献した。

4　毘盧舎那仏に献納することは終局的に陛下の聖霊に献上することである。

5　天武天皇の嫡系継承の品々が、あるいは鎌足・不比等から伝承した品々が嫡系以外が継受することを拒否する光明皇太后の個人的な感情に由来する。

いずれも聖武天皇の冥福を祈ることがその前提にあることは言うまでもないが、それぞれに背後に存するであろう事情を推定して立論されている。

しかし私にはそれぞれに興味深い説ではあるが、やはり願文に見える通りに解釈しても差し支えはないのではないかと考えている。後に述べるように、「国家珍宝帳」に記載の宝物の中から、美術・工芸的にも、由緒的にも、また聖武天皇と光明皇后にとっても、とりわけ重要と思われる宝物が倉から取り出され、それらのいくつかは淳仁天皇に伝えられたと思われるからである。

ところですでに述べたように、「国家珍宝帳」等に署名しているのは藤原仲麻呂等紫微中台の官人がほとんどである。もし天武天皇の嫡系継承の品々を仮に淳仁天皇に伝えることを拒否して東大寺に奉献されたとすれば、光明皇太后の附属職司である紫微中台の官人であるとはいえ、仲麻呂らが一連の文書に署名する事ができたであろうか。光明皇太后は胸の内をおくびにも出さなかったかも知れない。しかし淳仁天皇は藤原仲麻呂に擁立されており、天武天皇の皇孫である。

したがって天武天皇の嫡系ではなかったが、それだけに政治史的には嫡系的に位置づけることで皇統の安定を図る必要があり、だからこそ後述するように「国家珍宝帳」に記載の宝物が取り出され、淳仁天皇に与えられたのである。そのことはあらためて述べるが、「国家珍宝帳」等を伴って聖武天皇や光明皇后遺愛の品々を東大寺に献納したのは、無事に聖武天皇が蓮華蔵の世界に到達する事ができるように、また光明皇后の父不比等が死後四十年を経過しているとはいえ、光明皇后はもとより藤原氏にとっても貴重な不比等真筆の屛風が朽ち果てないうちに東大寺大仏に献納し、父の冥福を祈念したのであろう。

したがって結論としては陳腐なものになるが、私は願文の意味するところを純粋に取り入れて解釈し、その背後の意味をあまり詮索する必要はないのではないかと考えている。

宝物の出入

宝物の出入と曝涼関係文書

宝物の出入関係文書

光明皇后から東大寺の大仏に献上された宝物はほぼ七〇〇点を数えるが、今もそのうちの四分の一が正倉院に伝わっている。つまり四分の三が流失していることになる。もっともこのように言えば、正倉院の管理がかなりルーズなのではないかと思われるかも知れないが、事実は、ご存じのとおり八世紀の半ば過ぎの例の恵美押勝《えみのおしかつ》の乱の時に、大刀が九〇口近く、弓や矢・胡禄《ころく》、甲《かぶと》などがそれぞれほぼ一〇〇口ずつと、大量の武器が持ち出されたためで、それ以外にも若干の宝物の出入りはあるが、これらの武器が全宝物中に占める割合の大きいことから、大量に宝物が減少していることになるのである。このような特殊例を除くと、宝物の管理は意外なほど確実に行われているように思われる。実際、後で具体的に述べるが、正倉院の宝物の中には、いつ、誰によって宝庫から持ち出され、返納されたか、そのままになってしまったのかなどについて、正倉院に伝わっている文書によって、ある程度確認することができるのである。以下、それらの文書によりながら、何が、どのような理由で宝庫の外に持ち出されたのかについて検討してみたい。

正倉院宝物が東大寺大仏に奉献されて以来、それらの宝物が東大寺の倉に死蔵されていたのではなく、さまざまな形で利用されていたことはよく知られているところである。とくにそれらの経緯は、正倉院に今も伝わる七通の宝物出入関係文書によって知ることができる。その七通の宝物出入関係文書とは次のとおりである。

⑮雑物出入継文《ざつもつしゆつにゆうのつぎふみ》（北倉一六七）
⑯沙金桂心請文《しやきんけいしんのうけふみ》（北倉一六八）
⑰出蔵帳《しゆつぞうちよう》（北倉一六九）
⑱出入帳《しゆつにゆうちよう》（北倉一七〇）
⑲王羲之書法返納文書《おうぎしのしよほうへんのうもんじよ》（北倉一七一）
⑳雑物出入帳（北倉一七二）

㉑御物納目散帳《ごもつのうもくさんちょう》（北倉一七三）

以上の七通について、ごく簡単に解説しておこう。

⑮「雑物出入継文」（北倉一六七）は天平勝宝四年（七五二）四月八日の東大寺大仏の開《かい》眼会《げんえ》が行われた日から、弘仁五年（八一四）六月十七日までのほぼ六〇年くらいの間の宝物の出入記録と、弘仁二年（八一一）九月二十四日から斉衡三年（八五六）六月二十四日までの間の宝物を点検照合したときの記録を合綴《がってつ》したものである。

本文書の冒頭に天平勝宝四年四月八日付をもって光明皇后が東大寺大仏に献上された六種類の薬物のことが記されている。光明皇后による薬物の献上は聖武天皇の七七忌にはじめて献上されたのではなく、それ以前からすでに行われていたことに注目しておきたい。そのことは「種々薬帳」の献上の意味を考えるうえで大変重要である。

ついで本文書で注目しておきたいのは、病に苦しむ人がいたら僧綱《そうごう》の許可のもとに薬物を出蔵してもよいとの「種々薬帳」の願文にそって、施薬院や造東大寺司、あるいは親王禅師らの需《もと》めに応じ、病人治療のために薬を出蔵したことが記されている。

このほかにも大仏の山形を固め、彩色のために臈蜜《ろうみつ》二〇斤を東大寺造寺所に下したとの文書も綴られており、薬物の利用を考えるうえでとくに本文書は貴重なものといえよう。

なお本文書は『大日本古文書』（編年文書）に翻刻されている。ただし翻刻にあたり、『大日本古文書』の編纂方針により、年次ごとに整理されたために、この一巻が同じところに納められていない。本文書はもとより⑯から㉑の文書についての書誌学的整理は『正倉院宝物』（全一〇巻のうち、北倉Ⅲ、毎日新聞社刊行）において行っているから、是非参照されたいが、『大日本古文書』との対応関係についてはそれぞれの箇所に記しておく（『大日本古文書』三―五七〇、一六―五〇四～五〇五、二三―六二五、二五―付録一～八）。

⑯「沙金桂心請文」（北倉一六八）は二通の文書を合綴したもので、一つは造寺司から沙金二〇一六両の出蔵を東大寺に要求した文書、もう一通は施薬院が桂心一〇〇斤を購入しようとしたが、売人が見つからなかったので、東大寺に所蔵のものを請求した文書である（『大日本古文書』一三―二〇七、一四―二七九）。

⑰「出蔵帳」（北倉一六九）は天平宝字三年（七五九）十二月二十六日に金鏤《きんる》の宝剣・陰陽の宝剣など五口の剣を出蔵したものと、聖武天皇と光明皇后の納采のときの品物と思われる封箱と念珠の入った犀角箱を出蔵したものの、合わせて二通の文書を納めている（『大日本古文書』四―三九四～三九六）。

これらの宝物はいずれも「国家珍宝帳」に記されている宝物であるが、この出蔵によって「国家珍宝帳」のそれぞれの箇所に「除物《じょもつ》」の付箋が貼られている。なお「除物」の意味については、のち刀の出蔵について検討する中で改めて詳述する予定である（本書九一ページ以下）。参照されたい。

⑱「出入帳」（北倉一七〇）は天平勝宝八歳（七五六）十月三日に施薬院に人参を出蔵したとする記録に始まり、延暦三年（七八四）三月二十九日に「王羲之書法」八巻が返却されるまでの記録が年次順に整理されている（『大日本古文書』四―一八七〜二〇五）。

この「出入帳」の中で注目されるのは、天平宝字六年（七六二）十二月十四日に欧陽詢真跡屏風一具十二扇が道鏡のもとに貸し出され、その二年後に返却されていること、さらにその一ヵ月半後に起こった九月十一日の恵美押勝の乱に際し、大刀八八口、弓一〇三枝、甲一〇〇領などの大量の武器武具の出蔵が記録されていることである（本書九二ページ以下）。

⑲「王羲《ぎし》之書法返納文書」（北倉一七一）は「国家珍宝帳」に記されている「王羲之書法二十巻」のうち、八巻分の返納関係の記録である（『大日本古文書』二五―付録九〜一一）。

本来二〇巻あった羲之の書は、天応元年（七八一）八月十二日に出蔵し、そのうち一二巻が同月十八日に返却されたが、残る八巻が延暦三年三月二十九日に返納されている。とところでこの延暦度の返却について、「出入帳」は関係箇所が三行ばかり欠失しているが、幸い案文である「王羲之書法返納文書」が伝わっていて、欠失部分を補ってくれる。その後、羲之の書二〇巻が再び出蔵し、ついに返却されなかったのは残念である。しかし現在、これらの一部と思われるものが宮内庁所管の「喪乱帖」と前田家尊経閣文庫所蔵の「孔侍中帖」として伝えられているのではないかといわれている。この両帖についても後述する（本書八五ページ以下）。

⑳「雑物出入帳」（北倉一七二）は、弘仁二年（八一一）九月二十四日から天長三年（八二六）九月一日に至る間の宝物出入の記録である（『大日本古文書』二五－付録五八～七二）。なかでも注目されるのは、「国家珍宝帳」に見える屏風三六帖、白石鎮子《はくせきのちんす》、瑇瑁箸《まいかいのはし》、琵琶や琴などが出蔵され、返却されなかったもの、現品ではなく代品が納められたと記されているものもある。代品として納められたものの中に、現在、正倉院を代表する宝物の一つになっているものがある。

㉑「御物納目散帳」（北倉一七三）はこれまで紹介してきた⑮～⑳までの文書とは違っている。この中には、原本もあれば写しを合綴したものもあるが、奈良時代から鎌倉時代に作成されたものが含まれている（『大日本古文書』四－二三九、二五－付録八六～九九）。実

はこの文書綴りは明治二十七年になって、正倉院文書の中から、宝物に関するもののみを集めて合綴した特殊なものである。

冒頭に奈良時代の文書の断簡をあげているが、注目されるのは、鎌倉時代の寛喜二年（一二三〇）に生じた北倉の鏡の盗難事件に関するもので、鏡破損の事実と実際に破損した鏡の図とが収められており、極めて貴重なものである。

以上に紹介した文書の綴り（㉑を除く）は、天平勝宝四年から天長三年に至る奈良時代中期から平安時代初期のもので、その当時の宝物の移動が具体的に判明する貴重なものである。

宝物の曝涼関係文書

宝物の出入を調査するうえで不可欠のものに、次の五通の文書がある。これらの文書は奈良時代末から平安時代初期の宝物曝涼《ばくりょう》の際に作成されたものである。

㉒延暦六年（七八七）六月二十六日曝涼使解（北倉一六二）
㉓延暦十二年（七九三）六月十一日曝涼使解（北倉一六三）
㉔弘仁二年（八一一）九月二十五日勘物使解（北倉一六四）
㉕斉衡三年（八五六）六月二十五日雑財物実録（北倉一六五）

㉖礼冠礼服目録断簡（北倉一六六）

以上の五通の文書のうち、㉖「礼冠礼服目録断簡」は㉕斉衡三年（八五六）六月二十五日「雑財物実録」の一部と考えられるから、曝涼による点検関係文書は、正確には四通ということになる。詳しくは後に述べる。

まず㉖延暦六年（七八七）六月二十六日の「曝涼使解」は現存する曝涼点検文書としては最も古いものである（『大日本古文書』二五－付録一一～三三）。しかし宝物献上から八ヵ年後に発生した恵美押勝の乱によって宝庫の武器・武具が持ち出されたことから、乱後にそれらの武器・武具を中心に点検作業が行われている。その時の調査のもとになった記録が「検定文」とよばれるものである（⑱「出入帳」の天平宝字八年十月十三日の項）。またその後も「検珍財帳」などという文書が作成されている（㉒曝涼使解）。ただこれらの文書は現存していないので、書式はもとよりその点検内容もよくわからないが、延暦六年の曝涼使解によると、同年六月十三日の太政官符によって「曝涼香薬幷雑物簡択之」と命ぜられ、点検にあたっては、まず「以検珍財帳為本」とし、疑問があれば献物帳を引用して改正するようにと述べているから、検定文や検珍財帳は、献物帳に準じたものであったと考えられる。

実際に延暦六年六月二十六日の「曝涼使解」は、「国家珍宝帳」に見える宝物をはじめ、献物帳に記載の宝物が存在しているかどうか、また薬物については「種々薬帳」に記載の薬物がどれだけ用いられ、それは誰の命によって出蔵されたのか、また現在いくら残っているのかなどが克明に記されている。

ついで㉓延暦十二年（七九三）六月十一日「曝涼使解」について見てみよう。延暦十二年六月一日に太政官は五月二十九日の右大臣藤原継縄の宣を被って官符を三綱に下し、東大寺にある香薬を曝涼するように命じている。その命に基づいて作成したものがこの㉓延暦十二年六月十一日の「曝涼使解」である（『大日本古文書』二五―付録三四～五四）。

官符によると、香薬を曝涼するとあるが、それ以外の国家の珍宝を曝涼することも重要な任務であったことはいうまでもない。

その後の㉔弘仁二年（八一一）九月二十五日「勘物使解」や㉕斉衡三年（八五六）六月二十五日「雑財物実録」も「国家珍宝帳」や「種々薬帳」などの献物帳の記載に基づいて点検が行われている。ところで㉔弘仁二年の「勘物使解」には、延暦十二年の曝涼使等の検帳によって「用ならびに遺るところの官物」を調査するようにと述べているから、前回つまり延暦十二年の点検によって確認されたものが、その後さらにどれだけ用いられ残さ

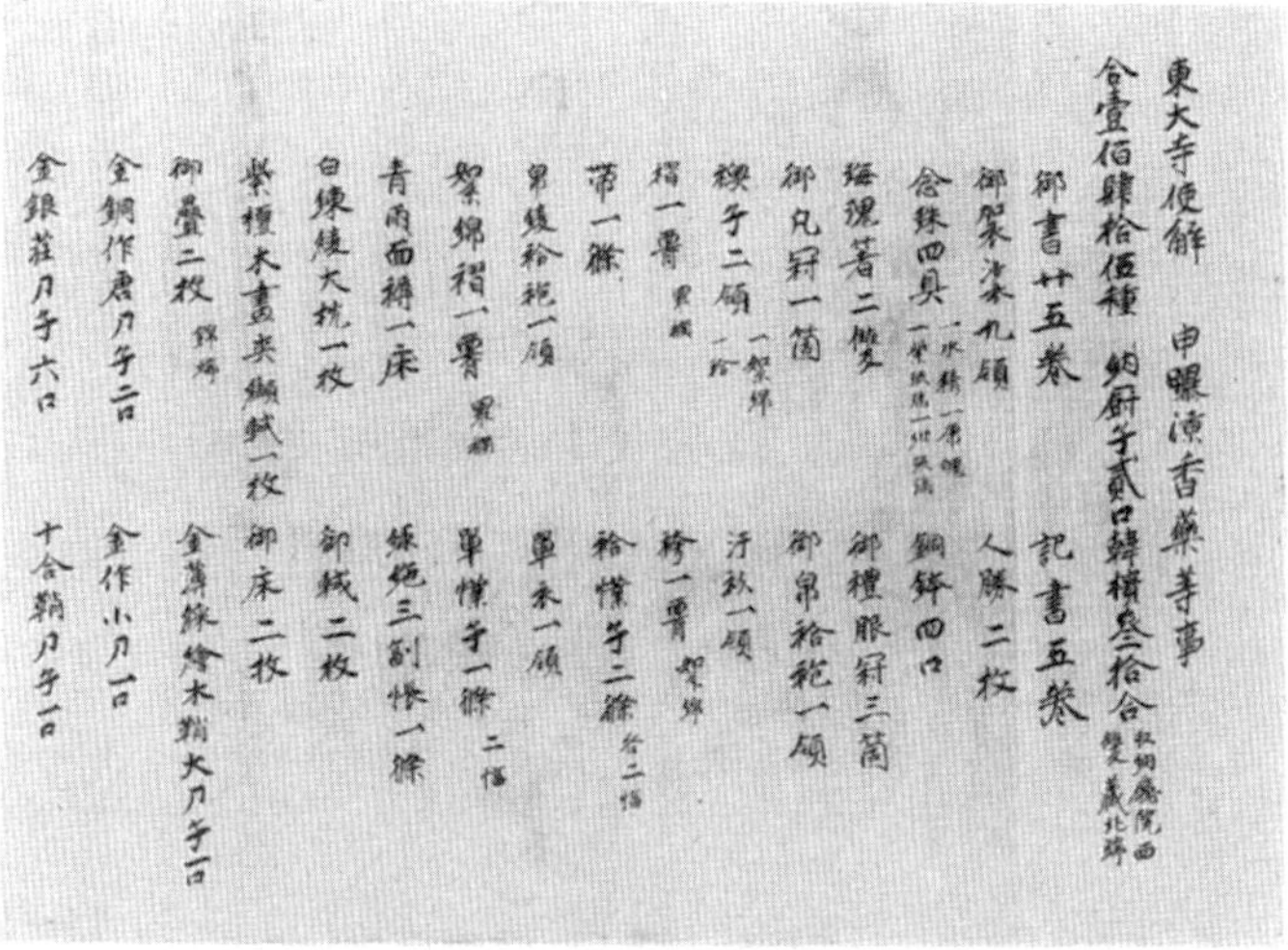

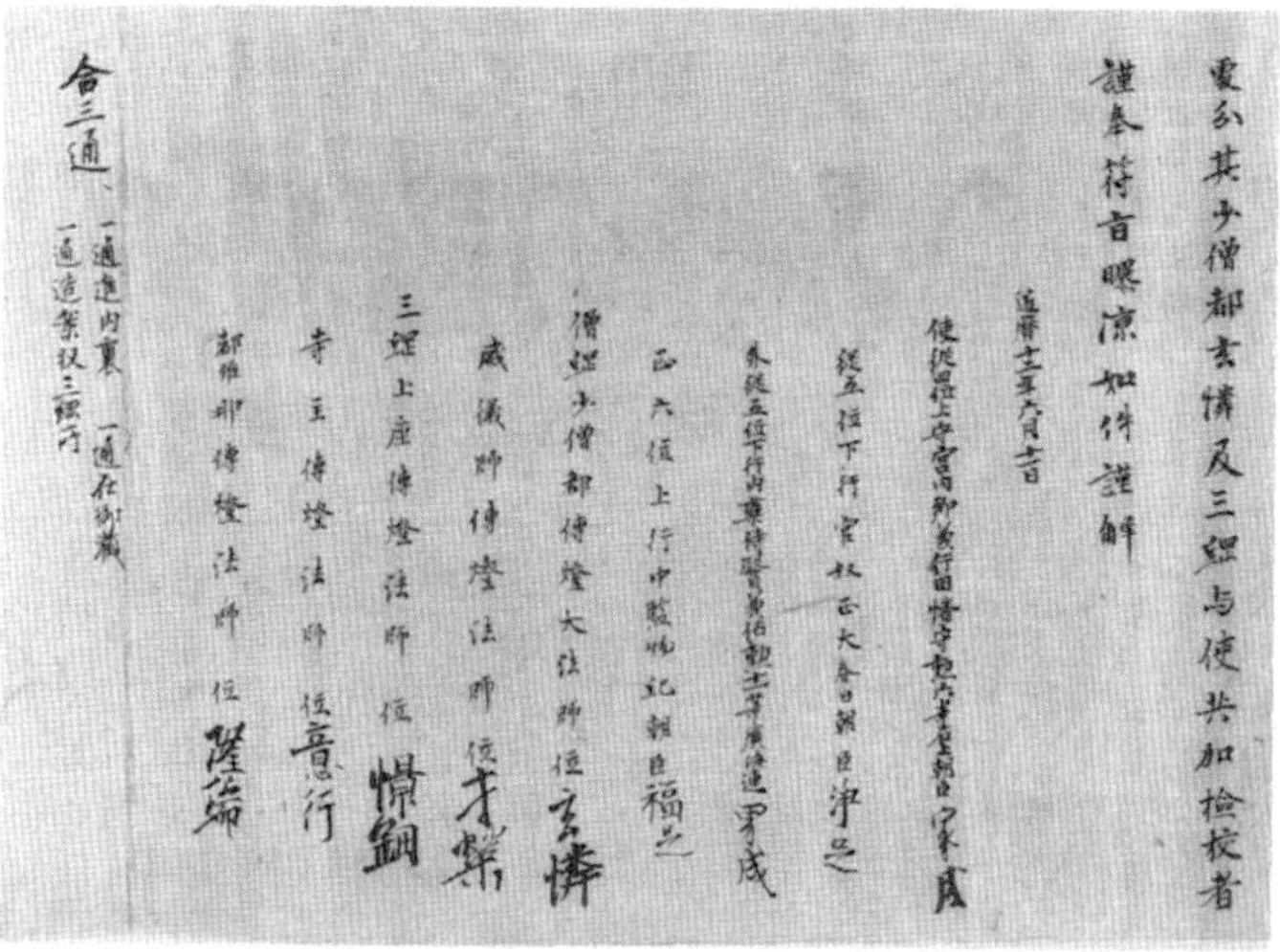

図10　延暦十二年六月十一日曝涼使解（北倉163）巻首（上）・巻末（下）

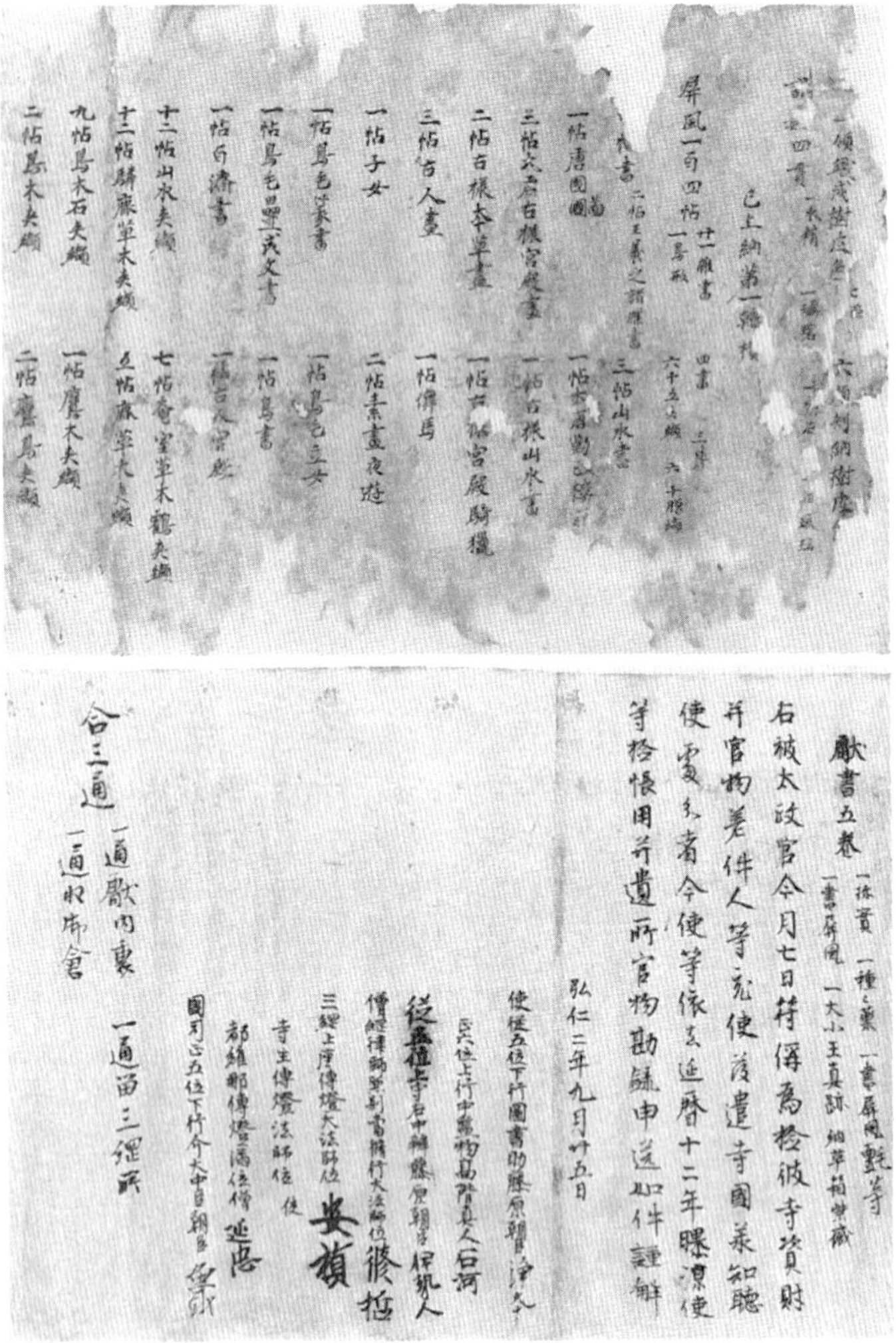

図11　弘仁二年九月二十五日勘物使解（北倉164）巻首（上）・巻末（下）

れているかについての調査を行っているのである（『大日本古文書』二五―付録七一～八六）。

ついで㉕斉衡三年の「雑財物実録」は、㉔弘仁二年の「勘物使解」の作成から四五年を経過していることから、㉕とそれ以前の㉒㉓㉔との間に文書作成の意図に違いがあるのではないかと考えられるが、点検の内容を検する限りでは、とくに従来の点検との違いはないようである（『大日本古文書』二五―付録一〇一～一一五）。

㉖「礼服礼冠目録断簡」は礼服礼冠に関するものであるが（『大日本古文書』二五―付録一三七～一三九）、本文書については㉕斉衡三年の「雑財物実録」の一部であることがすでに明らかにされている。天皇の即位の礼が行われるのに先立ち、宮中において礼服御覧の儀が行われる。その際、平安時代末から鎌倉時代の中ごろまでの間に、何度か正倉院に納められていた礼服礼冠が宮中に持ち出されて即位の装束の参考にされている。おそらくそのような時に、㉕斉衡三年の「雑財物実録」の礼服礼冠に関する部分が剝《は》がれ、あるいは剝がされて、それが本体の㉕斉衡三年の「雑財物実録」とは別に保存されることになったのであろう。

このように鎌倉時代になっても、なお一部の文書が宝物の点検のために利用されていることはあるが、正倉院における曝涼を目的にした宝物の点検は平安時代の初期までで、その後は宝庫の修理などに際し、宝物の移動があったときなどに点検が行われ、若干の宝物の点検記録が伝わっている。しかし修理のたびごとに点検記録が作られているわけではない。ただ数少ない点検記録を見ていると、時代によって宝物に対する関心のあり方に変化のあることがわかる。

その前に、右に見た出入関係文書から、具体的な宝物の出入の様子を見ておきたい。

宝物の出入――奈良時代末から平安時代初期の場合

正倉院に伝来の曝涼《ばくりよう》・点検関係の文書群を整理すると、正倉院宝物が宝庫の中で死蔵されているのではなく、むしろ積極的に利用されていることが理解できる。その利用の実態を整理をしておこう。

薬物

光明皇后が東大寺大仏に国家の珍宝や種々の薬物を献上してから三年間に限って宝物出蔵の様子を整理しただけでも、宝物の利用の仕方、なぜ宝物をそのように利用することが可能であったのかということが理解できる。いま⑱「出入帳」（北倉一七〇）によると、次のようになる（『大日本古文書』四―一八七～二〇五）。

㋑天平勝宝八歳（七五六）十月三日に「依御製充施薬院合薬料下充」として「人参五十

斤」を出蔵している。

ロ翌九年（七五七）正月二十一日に「依御製奉塗大仏像料下充造寺司」として「沙金二千十六両」を出蔵している。

ハ天平宝字二年（七五八）十二月十六日に「依飯高命婦宣進内裏」として「冶葛三両」を出蔵している。

ニ天平宝字三年（七五九）三月二十五日に「依御製充施薬院」として「桂心百斤」を出蔵している。

ホ天平宝字三年四月二十九日に「装束御斎会堂料借充」として「花氈六十七枚」を出蔵している。

宝物の出蔵はこのほかにも枚挙に暇《いとま》がないが、宝物献上から三年の間に五例もあげることができる。

これらの例によると、イロニは「依御製」とあるように、孝謙天皇または淳仁天皇、あるいは光明皇后の命によって薬物や沙金を出蔵しているもの、ハは後宮に仕えている飯高命婦の宣によって内裏《だいり》に冶葛《やかつ》が進められているものであるから、淳仁天皇か光明皇后の命によって薬物を出蔵しているのである。いずれにしろイ〜ニは天皇または皇后の命によって出蔵しているものである。

㋭は宮中の指示かどうか不明であるが、御斎会の堂装束のために、花氈《かせん》六七枚を出蔵したものである。㋑～㋥で出蔵した薬物は消費することを前提にしているが、㋭の場合は「借充」とあるように返却することになっていたのであろう。なおこの花氈の出所であるが、「東大寺献物帳」のうち花氈に関する記載は③「屛風花氈等帳」に「六十床」とあるのみであるが、㉒延暦六年曝涼帳には「花氈六十七枚」とあるから、「屛風花氈等帳」以外にも花氈の献上があったのであろう。

これらの例によると、東大寺大仏に献上された宝物は東大寺の正倉に死蔵されることなく、積極的に活用されている様子を窺《うかが》うことができる。しかも注目したいのは、これらの出蔵が東大寺の意思において行われるのではなく、宮中の命によっていることである。宝物が東大寺大仏に献上されたとはいえ、それらは東大寺の自由になるものではなく、皇室が依然として各宝物に対する権限を保持していたと考えざるをえない。

そのことは次の二つの例からさらに明瞭になる。

⑰「出蔵帳」（北倉一六九）によると、天平宝字三年十二月二十六日に「金鏤宝剣二口、陽宝剣・陰宝剣各一口、銀荘御大刀一口」などの宝物が出蔵している（『大日本古文

書』四—三九五～三九六)。

⑱「出入帳」(北倉一七〇)によると、天平宝字五年(七六一)三月二十九日に二一種の薬物を内裏に進めたのをはじめ、僧侶や庶人に施すために薬の出蔵が行われているが、同日に「甘草《かんぞう》・大黄《だいおう》・人心《にんじん》(人参)、桂心《けいしん》」の四種がそれぞれ辛櫃《からびつ》一つずつに納めて「双倉中間《ならびくら》」に遷《うつ》し置かれている(『大日本古文書』四—一九〇～一九二)。

東大寺に献上された宝物でありながら、皇室が依然としてそれらの宝物に対し権限を持っていることは、まず⑰によって確認できる。ただそこで出蔵された宝剣については、若干の考証を必要とするので、詳しくは後で取り上げることにし、ここでは結論だけを述べておこう。すなわちこれらの宝物は東大寺の意向によって出蔵しているのではなく、光明皇后か孝謙天皇が淳仁天皇に何らかの意図を持って贈るために出蔵されたものである。

次に⑱天平宝字五年に二一種類の薬物が内裏に進められたのは従来の㋑㋩㋥などと基本的に同じであるが、注目されるのは、薬物が「双倉中間」に遷されたということである。はじめて文献に見える「双倉中間」のことが、いわゆる校倉《あぜくら》造りの正倉の中倉を指すことは誰しも異論はないようである。このころ南北の倉(現在の北倉と南倉)を双倉とよび、双倉の間の空間を中の間とよんでいたのであろう。もともとその箇所は空間になっていたところであるが、空間になっていたところの東西を板で囲うと、南北はそれぞれ校倉の北と南の倉の壁を利用できることから、新しく仕切られた部屋、中倉を作ることができる。そこで北倉に納められていた薬物を中の間（中倉）に大量に遷《うつ》したのである。つまり「種々薬帳」に記載の薬物のうち、使用頻度の高いものを、辛櫃単位で遷し置いたのである。残念ながら、移動の理由を明記したものはないが、北倉の開封は勅旨に基づいているから、薬物を取り出すたびに、つまり開封のたびに勅許を求めなければならない。そこでいちいち勅許の必要がなく東大寺の管理下において出蔵することができるようにするために、北倉の薬物を中倉に遷したのであろう。なお平安時代末になると中倉は勅封になっているが、まだ中倉のできた当時は北倉のみが勅許を必要としたようである。

先に正倉院宝物の曝涼・点検関係文書について述べたが、勅旨を奉じて宝庫の点検を行っているのは北倉の宝物のみであった。当時もすでに南倉にかなりの宝物、多分、大仏開眼会以下、東大寺において行われた儀式関係用品が収納されていたはずであるが、南倉の宝物が曝涼点検の対象になっていないのは、南倉が三綱および東大寺の管轄下にあったためであろう。

これらから判断すると、東大寺大仏に献上した宝物で、北倉に収納されていたものは日常的な管理を東大寺に委ねるとしても、宝物に対する実質的な所有権は皇室にあったことになる。「種々薬帳」によると、光明皇后が薬物六〇種を東大寺大仏に献上した時の目録に記す願文には、一般の衆庶が疾病に苦しんでいる時に、献上の薬を取り出してその救済に当てることができると記している。

これまで天皇や皇后・皇太后らの病の平癒や後生を弔《とむら》うために、天皇や皇后ご自身で、あるいは天皇や皇后を慕う人々によって、天皇・皇后にゆかりの品々を寺院などに献上してきた。しかし光明皇后が東大寺に献上された宝物と、従来の寺院へ献上された宝物とでは、ともに病気の平癒や後生を弔うということでは共通であっても、寺院における宝物の取扱いについては、かなり性格が違っているように思う。このことは東大寺が官寺としての役割を担っていたことと関係あるのであろう。

たとえば㉔弘仁二年（八一一）九月二十五日の「勘物使解」によると、例によって、東大寺正倉院北倉の宝物の曝涼を行っているが、同勘物使解に引く九月七日付の太政官符によると、「為検彼寺資財幷官物」とか別の箇所では「用幷遺所官物、勘録申送」と記しており、寺の資財はもとより官物（国の用に供するもの）を調査するとあるのは、ここに東大寺の官寺としての性格が端的に表れていると思う。

天平宝字五年に北倉に収納の薬物のうち、とくに繁用されるものを双倉の中の間に遷し置いたが、その後も施薬院の需要や僧侶・官人らの要求に応えて薬物の出蔵が頻繁に行われている。若干の例をあげておこう。

延暦十三年（七九四）四月二十七日に官符の旨によって、麝香《じやこう》、犀角《さいかく》、宍縦容《にくしようよう》、檳榔子《びんろうじ》、呵梨勒《かりろく》、人参、大黄、甘草、紫雪《しせつ》等が宮中に進上されている（『大日本古文書』二五―付録七五〜七九）。

延暦十八年（七九九）十一月十一日に、大黄、甘草、小草、檳榔子、桂心、呵梨勒、麝香等がやはり官符の旨によって宮中に進上されている（『大日本古文書』二五―付録二）。

延暦二十一年（八〇二）十一月二十一日に大黄、甘草、人参、呵梨勒、宍縦容が進上されている（『大日本古文書』二五―付録三）。

大同元年（八〇六）九月七日に白犀角が宮中に進められている（『大日本古文書』二五―付録四）。

弘仁五年（八一四）六月十七日、同年七月二十九日、さらには同十三年三月二十六日にも、さまざまな薬物が宮中に進上されている（『大日本古文書』二五―付録五九、六〇、六六）。

また宮中だけではなく、病僧等に施すために延暦二十二年（八〇三）正月二十三日に大黄、桂心、甘草を（『大日本古文書』二五―付録四）、また同年十一月十五日に桂心、甘草を出蔵している（『大日本古文書』二五―付録四）。

さらに弘仁十三年（八二二）五月六日、天長三年（八二六）九月一日に病僧のために薬物を出蔵している（『大日本古文書』二五―付録五九、六七、七十）。

なお、いま右に薬物の出蔵として一括したが、子細に見ると、香の材料や大仏の山形の彩色用として出蔵しているものもある。たとえば天長九年（八三二）五月二十五日に薫陸《くんろく》ならびに雑香二一両が大仏殿の読経料として出蔵を求められている（『大日本古文書』二五―付録一〇〇）。

中国の古典の書写

薬物のほかにも多くの宝物が出蔵している。そのすべてについて述べるわけにいかないが、代表的な宝物出蔵の様子を取り上げてみよう。その中にはわが国の文化のあり方と深くかかわるものがあると思われるからである。

「国家珍宝帳」によると、中国の古典そのものはもとより、それらを書写したものが少なくない。たとえば書写年次の早いものとしては、聖武天皇の宸筆《しんぴつ》「雑集」の末尾に「天平三年（七三一）九月八日写了」とあるが、現存の宸筆としてはもっとも古いものになる。

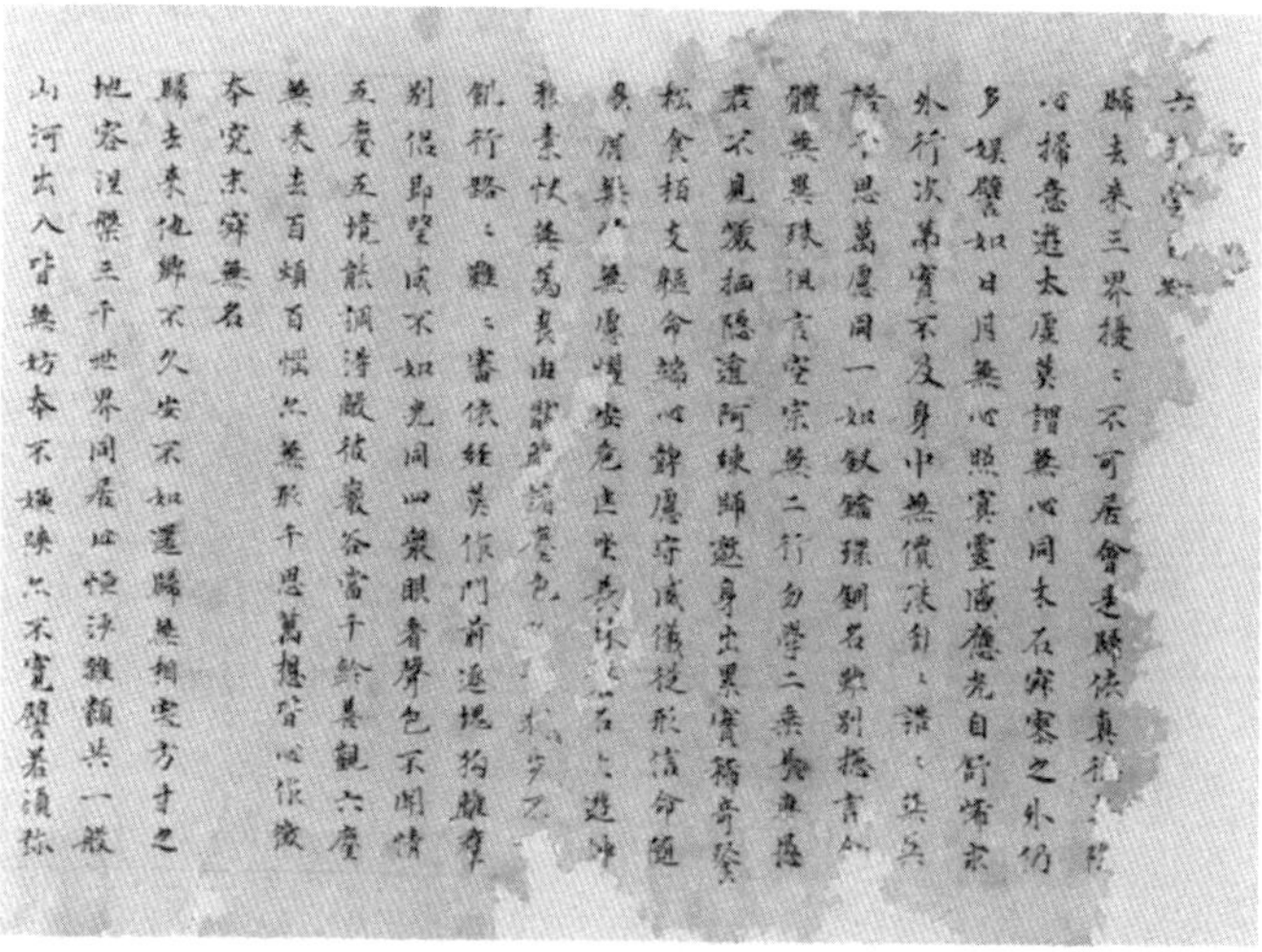

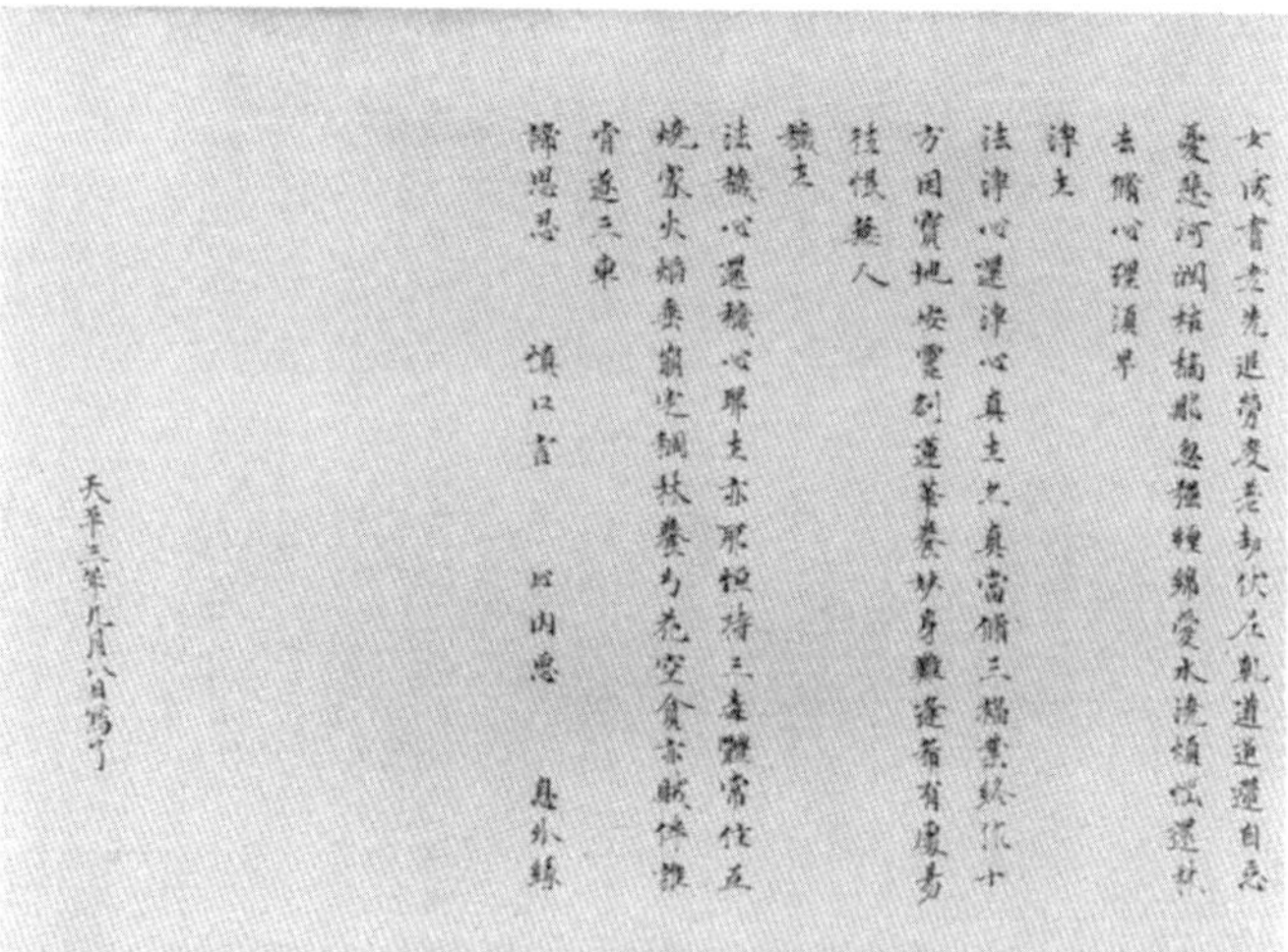

図12　雑集 巻首（上）・巻末（下）

そもそも「雑集」とは、中国の六朝《りくちょう》から隋唐代の代表的詩人の作品を集めているものであるが、仏教的な要素の多いもので、一説に皇太子基王《もといおう》が夭折されたのを悲しんだ天皇が追悼の意味から書写したものではないかといわれているものである。丹念、かつ繊細な筆遣いは天皇の人柄を偲ばせるが、実は中国の書家、褚遂良《ちょすいりょう》の書に通じるものといわれている。

ついで光明皇后親筆の「楽毅論《がっきろん》」は天平十六年（七四四）十月三日に書写されたもので、聖武天皇の「雑集」とよく比較され、皇后の人となりを窺わせるものといわれている。大仏開眼前にすでにこのような立派な書写本がつくられていたのである。

また後で述べるが、「杜家立成《とかりっせい》」や「詩序《しのじょ》」などに用いられている料紙のすばらしさも注目されるが、そこに記されている文字なども当時としてはもとより、今も多くの人々に感銘を与えずにはおかないほどにすばらしい書体である。後者の「詩序」によると、「慶雲四年（七〇七）七月廿六日」と日付が記されており、誰がこれを書写したのか不明であるが、八世紀の初頭に中国の古典をもとに日本人の誰かが書写したものであろう。たとえば本書が日本人によって書かれたと考える根拠の一つに、中国で則天武后《そくてんぶこう》によって制定されたいわゆる則天文字が使われているが、必ずしもその文字は正確ではない。したがって

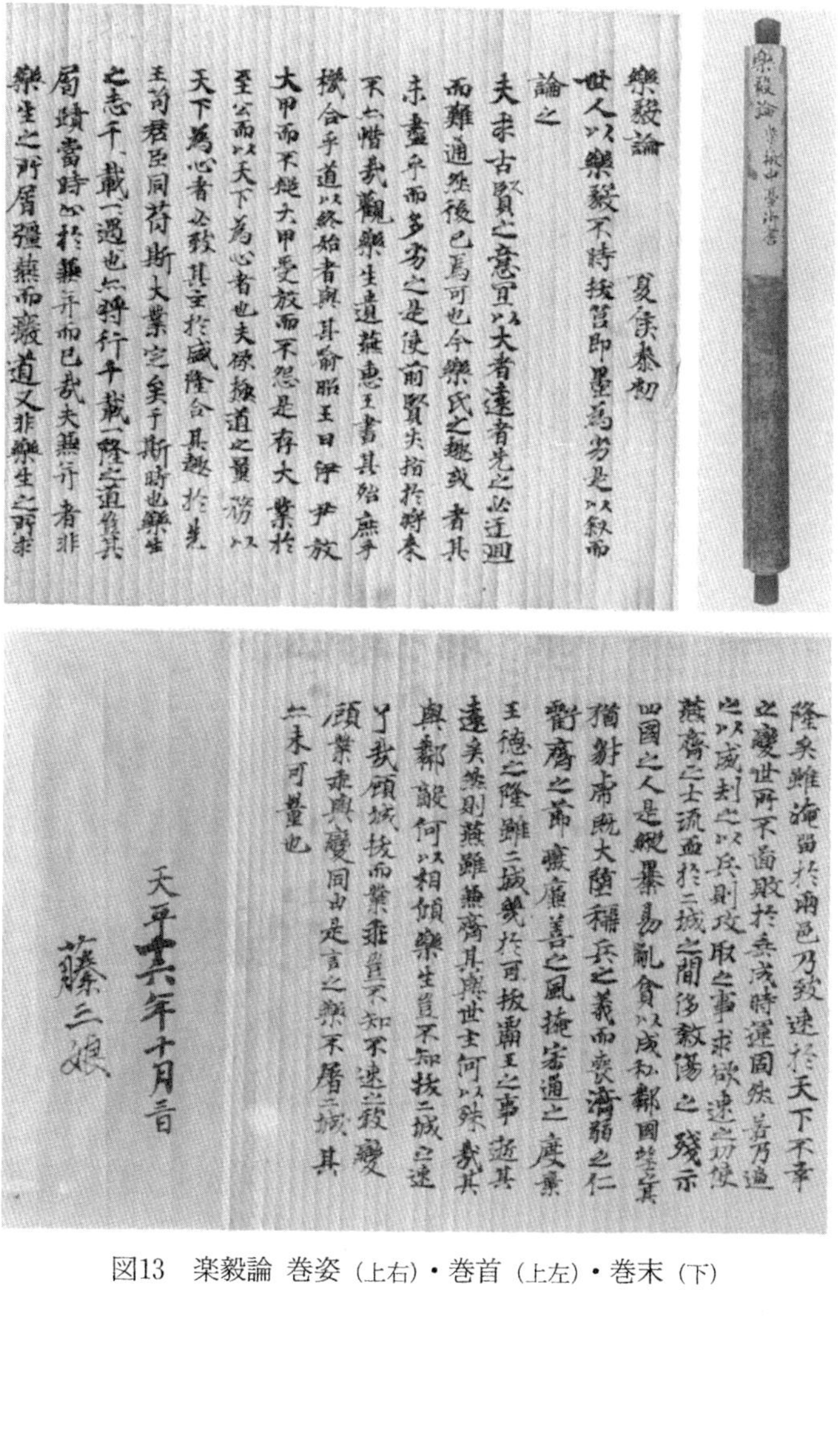

図13　楽毅論 巻姿（上右）・巻首（上左）・巻末（下）

近年注目されているように、本書に記されている則天文字は制定した国の人が書いたものではなく、日本に伝わったのち、日本人によって書かれたのではないかと考えられる。そこには一部の文字に理解不足のところが見られるのであるが、中国の古典に学ぼうとする人々が懸命になって中国文化を摂取しようとする姿を垣間《かいま》見ることができるのではあるまいか。

いま挙げた例はごく数も少なく、比較的早い時期のものであるが、それらがどこにあった本を書写しているのか明らかにすることはできない。しかし正倉院の成立後は、正倉院に収蔵されているものが、一部の人々にとって知識の源泉になり、教養を高めるための重要な情報源になったらしいことは確実である。

そこで正倉院宝庫から、まず中国の古典籍の出蔵について見てみよう。

欧陽詢の屏風

早い例としては、奈良時代中期すぎの天平宝字六年（七六二）十二月十四日に、道鏡《どうきょう》が欧陽詢《おうようじゅん》の真跡屏風一具十二扇を借用している文書がある（『大日本古文書』四―一九二）。

彼がこの屏風を手本に習字をしたかどうかは確認できないが、内藤乾吉氏の指摘によると、僧道鏡関係文書は二通あるが、道鏡の書はいずれも大きな字で、達者な筆さばきと思われるところもないではないが、一面では傍若無人の観があり、王羲之《おうぎし》とか欧陽詢とかの書をとくに習ったという形跡はないとされる。ではなぜ道鏡が欧陽詢の屏風を借り出したのかについて、内藤氏は、時の孝謙太上天皇の寵愛を蒙っていたことによる彼の威勢を示すだけのことであったとされる。

道鏡が欧陽詢の屏風を手本に習字したかどうかわからないが、道鏡はその屏風を天平宝字八年（七六四）七月二十七日、ほぼ二年弱の間、借用した後に返却している（『大日本古文書』四－一九二）。

しかし欧陽詢の屏風は、奈良時代末の延暦六年（七八七）に行われた宝物の点検記録には所在を確認できるが、延暦十二年（七九三）の点検記録には見当たらないから、この六年の間に再度、倉から持ち出され、ついに返却されなかったのであろう。おそらくこれは、習字の手本などとして倉から持ち出されたものと思われるが、同様のことは他にも少なくない。

聖武天皇・光明皇后の御書

先に述べたように、「国家珍宝帳」には聖武天皇の宸筆の「雑集」をはじめ、元正天皇の宸筆の「孝経」、光明皇后の御筆「杜家立成」や「楽毅論」、あるいは「大小王真跡書一巻」、「王羲之書法二十巻」など、数多くの中国の古典を書写した貴重な作品が少なくない。

天応元年（七八一）八月十二日に、「大小王真跡書一巻」、「王羲之書法二十巻」、それに時々の「御製書四巻」（「雑集」、「孝経」、「頭陀寺碑文幷楽毅論杜家立成」、「楽毅論」各一巻）が正倉院から内裏に持ち出され、その六日後にこれらは返却されている（『大日本古文書』四―一九九〜二〇一）。このように短期間の借用では、さきの欧陽詢の真跡屛風のように習字の手本にするというものではなかったようである。

なおここに見える「時々御製書四巻」の中に、「頭陀寺碑文幷楽毅論杜家立成」と記すものがある。これは光明皇后の御書と伝えられているもので、「頭陀寺碑文《ずたじひぶん》」は中国鄂州に所在の碑で、文は北斉の人王巾の作、全文は『文選』巻五九に収録されている。「楽毅論」は中国の戦国時代に、魏の国の武将で、燕の昭王の将軍となった楽毅の人物論である。また「杜家立成」とは、隋末から唐初の人である杜正蔵が、求められるとたちどころに文を成すことから杜正蔵の著作をこのように名づけたもので、その内容はいわゆる書簡文例集である。ところで「国家珍宝帳」によると、皇后にはこれとは別に「楽毅論」一巻がある（北倉三）から、皇后は「楽毅論」を二巻書写していたことになるが、「頭陀寺碑文」に合綴されていた「楽毅論」はいま伝わっていない。

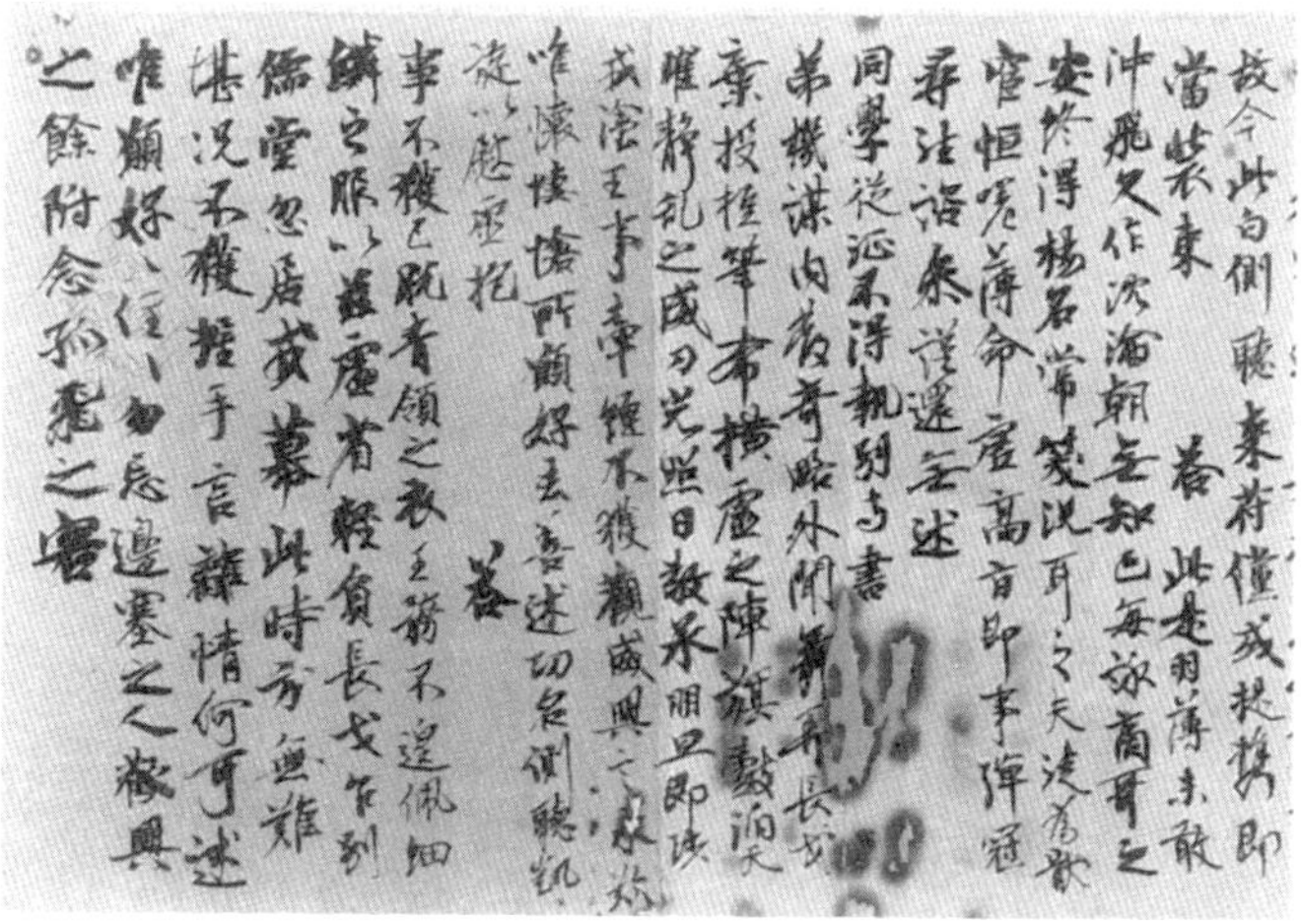

図14　杜家立成 巻末

さて「頭陀寺碑文幷楽毅論杜家立成」などは天応元年（七八一）八月の出蔵後、わずか六日後に返却されているが、再び出蔵したらしい。その時期は不明であるが、一巻に合綴されていた「頭陀寺碑文」と「楽毅論」は返却されず、「杜家立成」のみが伝わっている（北倉三）。また「御製書四巻」のうち、元正天皇の宸筆「孝経」もいま存在していない。「孝経」の紛失時期も不明であるが、これもおそらく天応元年八月に出蔵、いったん返却された後、再び持ち出され、ついに返却されなかったのであろう。

いま「頭陀寺碑文幷楽毅論」や「孝経」が伝わっていないから、安易なことは言えないが、現存する「雑集」（北倉三）などを見ると、これらの「御製書四巻」が倉から持ち出されたのは、中国の古典を学ぶためであり、同時に書を学ぶ目的もあったようである。たとえば光明皇后らは楽毅という人物を通じて古代中国人の思考を知り、また「杜家立成」の書簡文例集によって人々の処世方法について学んでいたのであろう。

また近年の正倉院の書の調査によると、「雑集」は褚遂良の書体を忠実に学んでいるもの、「楽毅論」は光明皇后の能動的な性格判定に用いられることがあるが、これも王羲之の臨書といわれるものらしく、これらの書が書道の教科書として重宝されたことは明白である。

王羲之の書法

「雑集」などが出蔵された天応元年八月十二日に、「国家珍宝帳」に記されていた「王羲之書法二十巻」（扇書一巻を含む）や「大小王真跡書一巻」などがやはり倉から持ち出されている（『大日本古文書』四－一九九）。中国の書聖の書に学ぼうとした人々は、道鏡と同じくこれらの名蹟を記している巻物などを借用して習字の手本にしたのであろう。

ところが「王羲之書法二十巻」（扇書一巻を含む）については、「雑集」などが返却された天応元年八月十二日に二〇巻のうち一二巻がまず返却され（『大日本古文書』四－二〇一

〜二〇二)、ついで延暦三年(七八四)三月二十九日には八巻が返却されている(『大日本古文書』四―二〇四〜二〇五)。また王羲之と王献之父子の書いたものという「大小王真跡書一巻」は天応二年(七八二)二月二十二日に返納されている(『大日本古文書』四―二〇三〜二〇四)。

奈良時代末に出蔵された「雑集」をはじめ書道の参考となる文献はまもなく返納されたが、これらの文献はその後、もう一度、出蔵している。弘仁十一年(八二〇)十月三日に「王羲之書法二十巻」や「大小王真跡書一巻」が倉から持ち出されている(『大日本古文書』二五―付録六四〜六五)。これらが再び倉に返納されたという記録はなく、現在、宝庫にも存在していないから、おそらく返納されなかったのであろう。

そのような中で注目したいのは、先に触れておいたように、宮内庁に「喪乱帖」があり、前田育徳会には「孔侍中帖」が伝わっていることである。これらはすでに紛失したと思われていた「王羲之書法二十巻」のうちの巻七に相当するのではないかとの説がある。「喪乱帖」と「孔侍中帖」には「延歴勅定」の印が捺《お》されている。「延歴」が「延暦」を意味するとすれば、桓武天皇のときにこの印が捺された可能性がある。天応元年(七八一）に宮中に持ち出された「王羲之書法二十巻」が、同年中に一二巻が、残る八巻は延暦三年に返却されるが、返却の前後、いずれとは断定できないが、誰かによって「延暦勅定」の印が捺されたのではあるまいか。「延暦勅定」の印を捺している「喪乱帖」と「孔侍中帖」が「国家珍宝帳」に記載の「王羲之書法二十巻」の一部とすると、留意したいのは「王羲之書法二十巻」の料紙である。いま「国家珍宝帳」によると、二〇巻のうち、黄紙は一七巻、蘇芳紙一巻、浅黄紙一巻、白紙一巻となっているが、巻七のみが白紙で、「喪乱帖」と「孔侍中帖」の用紙がともに白紙であることから、巻七が切断され、その一部が「喪乱帖」と「孔侍中帖」として伝わっていると考えられる。

「喪乱帖」と「孔侍中帖」についてもう少し触れておくと、「喪乱帖」については、江戸時代に後西天皇から妙法院堯如親王が拝領し、明治十三年（一八八〇）七月十三日に妙法院から明治天皇に献上され、再び宮中に保管されることになったという。確証はないが平安時代以後、江戸時代中ごろまで宮中に留まっていたのであろうか。現在、これは宮内庁の三の丸尚蔵館に保管されている。また「孔侍中帖」の沿革も不明であるが、漢文学者として著名な岡田正之博士の没後、尊経閣文庫に入ったといわれている。いずれにしろ「王羲之書法二十巻」の一部のものが現存するというのは特異な事例である。

右にあげたのは天皇・皇后らが王羲之らの書を手本とした例であるが、そのような高貴な身分の人でなくても、中国の書家、たとえば王羲之、欧陽詢、その他の書家に学んだと考えられる例のあることが神田喜一郎氏や内藤乾吉氏らによる正倉院文書の調査で明らかになっている。その調査は昭和三十一年〜三十四年に正倉院事務所が実施した正倉院の書に関する特別調査のことであるが、調査員諸氏の指摘によると、奈良時代の中下級官人や写経生らのなかに王羲之はもとより、欧陽詢、顔真卿《がんしんけい》らの書体に学ぶものも少なくなかったようである。内藤氏らの調査に基づいて、若干の問題点を指摘してみよう。

律令下級官人らの習字

まず正倉院文書としては、もっとも古い大宝二年（七〇二）御野国《みののくに》の一連の戸籍、つまり味蜂間郡春部里戸籍《あはちまぐんかすがべりのこせき》や加毛郡半布里戸籍《かもぐんはにうりのこせき》、本簀郡栗栖太里《もとすぐんくるすだりの》戸籍《こせき》などの書風は隋唐的な感覚のものではなく、それらは唐代より以前のもので、六朝風であったとされている。また同じ大宝二年の筑前国や豊前国戸籍などにも六朝風の書体がみられるという。

ところが天平時代の公文書、たとえば天平七年（七三五）の尾張国や同年の周防国の正税帳などには欧陽詢風の影響がみられ、また天平十年（七三八）駿河国正税帳などには褚遂良の書風が見えるという。

このように天平時代の公文書の書体が中国の初唐風のものになっていることについて、六朝風から唐風へ移行したのは、わが国の律令が中国唐の永徽律令を継受したことによって、わが国の国家意識が唐風へ追随することになった表れといわれている。

もう少し具体的に中国の書家との関係について、内藤氏の説を紹介しておこう。氏によると、奈良時代の写経司の官人である高屋赤麻呂の書が正倉院文書の中にかなり残されている。たとえば天平五年（七三三）の「皇后宮職移案」（『大日本古文書』一－四七八、四七九）によると、書聖といわれる王羲之の書の「集王聖教序」に倣《なら》ったもののようであるといわれている。

写経所関係文書に姿を見せる辛国人成の場合も、彼の楽書という「七夕詩幷序草稿」（『大日本古文書』一－五五七）や「経巻納櫃目録」（『大日本古文書』七－一九七）によると、だいたいにおいて、王羲之の書の「集王聖教序」風の趣《おもむき》があるという。

また写経生の他田水主もいくつかの書を残しているが、王羲之風であるらしい。

以上の例は、文書に見える写経生らの書風から判断してのものであるが、「経師習字」というものによると、

知遇不得足下行

勅寒来我之
王羲之頓首
之　也

と見えるように、明確に王羲之の名が見え、またこの文章が断片であっても、その中には千字文に基づく言葉が散りばめられているといわれている。

もとよりすべての写経生の書風が王羲之風であったわけではなく、写経生の一人である爪工家麻呂の「天平十九年十月十日写後経所解」（『大日本古文書』二―六八五～六八九）、「天平二十年六月十三日写後経所解案」（『大日本古文書』三―九一～九七）によると、その書体は欧陽詢風または欧通陽風のもののようである。また前記したように、公文書のなかには、褚遂良風のものや欧陽詢風のものなどがあり、写経生の間にも中国の書家の文字を意識的に習っているものがいたことは間違いないであろう。

彼らが正倉院の宝物を取り出して文字の稽古をしたとは考えられない。やはり正倉院の校倉を開扉《かいひ》することのできるのは、ごく限られた階層の人々であったからである。しかしそのような人々が扉を開く前提には、多くの官人たちの文字に対する限りない努力があったためと考えられる。しばしば「書は人なり」などといわれるが、平安時代になると、

「文章は経国の大業なり」といわれ（『経国集』序文）、いかに巧みな文書を書くかが当時の知識人に求められた教養である。すでに奈良時代からそのような文字に対する人々の関心は高かったことであろう。だからこそ多くの官人や写経生らが中国の書家に学びながら、公文書を作成し、写経に精励したのである。

聖語蔵の経巻

現在、正倉院には聖語蔵経巻として五〇〇〇巻ばかりの経巻を収蔵している。もともとこれは東大寺尊勝院の経蔵に収蔵されていたが、明治二十七年に東大寺より宮内省に献上されたものである。爾来、正倉院では聖語蔵経巻と呼んで大切に保存管理を行っている。

ところで古くからこの経巻は人々の利用に供されていたらしく、奈良時代はもとより平安・鎌倉時代の学僧たちもこの経蔵を開けて仏典の研究に勤《いそ》しんでいたようである。経典の奥書に見える読了した年月日や経巻中に施された白点や訓点に学問研究の跡を窺うことができる。

これらの経巻はいま見ても見事な書体で、正倉院展には必ず出陳することにしているが、見る人を飽きさせない魅力をもっているといわれている。当然ながら奈良時代の人たちも、隋国や唐国より伝来の経典を読みながら、写経に精励したのであろう。天平十二年（七四〇）の光明皇后御願経、神護景雲二年（七六八）の称徳天皇御願経などの筆跡に当時の写経生らの書に対する関心の深さを窺うことができるであろう。

正倉院宝物の出蔵について述べながら、主題から逸脱したことになったが、しかしこのような当時の官人や写経生らの教養が正倉院宝物の出蔵をもたらす背景にあったことを明らかにした。

刀

先に宝剣等について述べたが、詳しくは後述するとして保留しておいた。

ここでそれらの刀について検討することにしよう。⑰「出蔵帳」によると、

「天平宝字三年十二月廿六日出
金鏤宝剣弐口　一口名次田　一口名大小咋
陽宝剣壱口　　陰宝剣壱口
銀荘御大刀壱口　已上五口納赤漆金銅釘櫃一合」

とあるように、天平宝字三年（七五九）十二月二十六日に五口の刀が出蔵している（『大日本古文書』四―三九三～三九四）。いずれも「国家珍宝帳」に記載の名刀と思われるが、「国家珍宝帳」で明確に該当するのは、「御大刀壱百口」と記す箇所の冒頭に見える陽宝剣と陰宝剣の各一口だけで、その他の「金鏤《きんる》宝剣弐口」および「銀荘御大刀壱口」が「国家珍

宝帳」の中のどの刀に該当するのか確証はない。しかし「国家珍宝帳」の「陽宝剣」「陰宝剣」のそれぞれの箇所に「除物」と記す付箋が貼付されており、この「除物」の付箋は、そのほかにも五点の宝物に貼付されている。おそらく「陽宝剣」などが出蔵したとき、一緒に出蔵した宝物に貼付されたものと思われる。

「国家珍宝帳」の「御大刀壱百口」のうち「御大刀四十八口、黒作大刀四十口」の合わせて八八口が天平宝字八年（七六四）九月十一日の恵美押勝の乱の時に安寛法師に付して内裏に進められたとあり（『大日本古文書』二五－付録一二）、宝庫から出蔵されたこれらの大刀はその後、返却されていない。したがってもし天平宝字八年（七六四）九月十一日以降に存在していない刀に対し「除物」の付箋を貼付するとすれば、「国家珍宝帳」に記すほとんどの刀に「除物」の付箋が貼付されていなければならない。しかしそうではないということは、「除物」の付箋は天平宝字八年九月以前に貼付された可能性があるといわざるをえない。しかも「除物」の付箋の筆跡は同じであるから、その付箋は一括して天平宝字八年九月以前に出蔵した宝物に貼付されていたものとなる。ではいつそれらの宝物は出蔵したのか。いま「国家珍宝帳」に「除物」の付箋が貼られている宝物を列挙すると、㈠聖武天皇と光明皇后の納采のときに天皇から贈られた信幣之物一箱のほかに、㈡犀角奩《さいかくのれん》

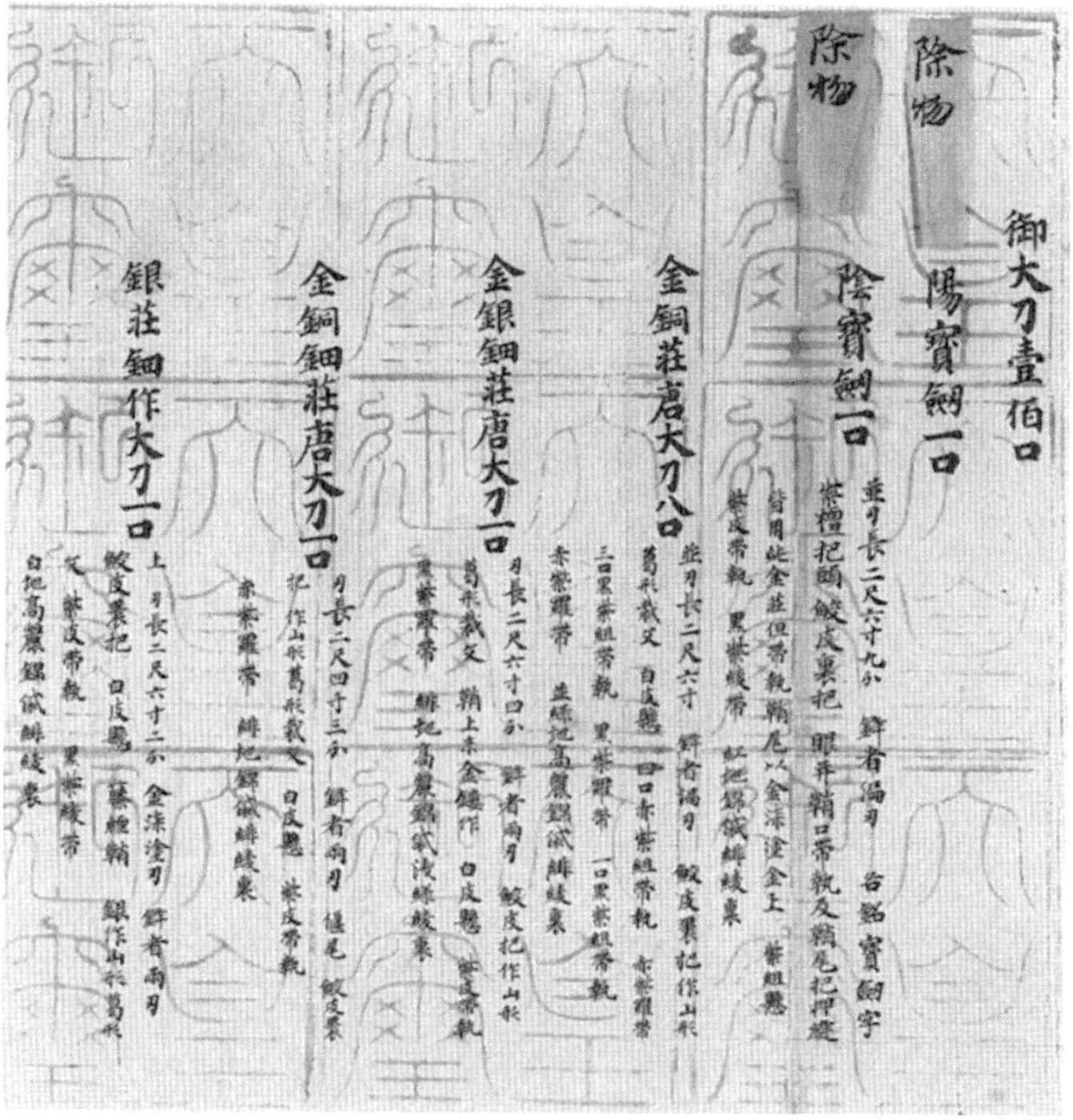

図15　国家珍宝帳（御大刀壱百口の部分）
「除物」の付箋のある陰陽宝剣

一合、㈢陽宝剣壱口、㈣陰宝剣壱口、㈤横刀一口、㈥黒作懸佩刀《くろづくりのかけのはいとう》一口、㈦挂甲一領であるが、前四点についてはいずれも天平宝字三年十二月二十六日に出蔵していることが確認できる。残る三点については出蔵時期を明記したものがないので断定できないが、付箋の筆跡が同じで一括して貼付ということに留意すると、㈤～㈦の出蔵時期は㈠～㈣と同じであった可能性はかなり高い。

たとえば㈦挂甲一領であるが、⑱「出入帳」によると、天平宝字八年九月十一日の日付で挂甲等について次のように記している（『大日本古文書』二五―付録一三）。

御弓一百張（八十張梓　六張欟　一張阿恵　八張檀　一張肥美）
別色□□三張（一蘇芳一□□□□　□小檀）
箭一百具　甲九十九領（十領短甲　八十九領挂甲）
　已上四種、亦附同法師進内裏、

右によると、御弓一〇〇張と、それとは別に三張の御弓、さらに箭一〇〇具、甲九九領が内裏に進められている。この武器を進めた法師は、天平宝字八年九月十一日の恵美押勝の乱のときに、大刀八八口を内裏に進めた安寛法師である。

天平宝字八年九月十一日の恵美押勝の乱のとき、甲九九領が宝庫から出蔵したことになっている。

「国家珍宝帳」によると、甲は一〇〇領あり、うち短甲は一〇領で、一櫃に五領ずつ納められており、挂甲は一櫃に一〇領ずつを納め、あわせて九〇領あったと記しているが、「除物」の付箋が貼付されているのは挂甲のうちの一領で第三櫃に納められている。第四櫃以下第十一櫃に至る八櫃に収納されている挂甲八〇領はいずれも一〇領ずつ一つの櫃に納められている。ところが当面の一領は他の九領とともに第三櫃に収納されていたが、実は問題の一領だけはさらに別の漆小櫃に納められ、そのうえでほかの九領とともに第三櫃に収納されていたのである。このことから考えると、漆小櫃に納められたこの挂甲一領は「国家珍宝帳」に記載された当時から、他の甲とは区別されていたようである。

ところで⑱「出入帳」に甲九九領が出蔵したと記し、残りがいくらとの記載がないから、天平宝字八年の時点で、すでに漆小櫃に納められていた挂甲一領は宝庫には存在していなかったのである。とすると、この特別扱いを受けていた挂甲は、天平宝字八年以前に、おそらく天平宝字三年（七五九）十二月二十六日に陰陽の宝剣などとともに宝庫から持ち出された可能性はかなり高いのではあるまいか。

「除物」の付箋が貼付されているものは、以上のほかに、㈤横刀一口、㈥黒作懸佩刀一口がある。

「国家珍宝帳」によると、㈤横刀一口について、

右、一口は、太政大臣の家に新室を設け宴するの日に、天皇親しく臨む、皇太子が大臣の寿のために舞奉るに贈られたもの

とあり、また㈥黒作懸佩刀一口について、

右、日並皇子の常に佩持するものを太政大臣に賜い、大行天皇が即位の時、便《すなわ》ち献じ、大行天皇が崩じられた時、また大臣に賜い、大臣が薨じられた日に、更に後太上天皇に献られた

と記している。すなわち前者の横刀一口は、藤原《ふじわらの》不比等《ふひと》の家を新築したとき、新築祝いに元正天皇《げんしょうてんのう》が不比等の邸宅に臨御され、皇太子（聖武天皇《しょうむてんのう》）が不比等の長寿を記念して舞を舞ったときに不比等から皇太子に贈られたものという。後者の黒作懸佩刀は、草壁皇《くさかべこう》太子《たいし》が常に佩《は》いていたものを藤原不比等が賜い、不比等は文武天皇《もんむてんのう》の即位のときにそれを天皇に献上し、文武天皇が崩御されたときに不比等に返却されたが、今度は不比等が薨去するとき、聖武天皇に献上されたという刀である。

このようにこの二口は、ともに藤原氏に縁があるとともに、とくに後者は皇位継承の祝

意を表するために用いられたという曰《いわ》く因縁《いんねん》のある刀である。その刀がもしも天平宝字三年十二月二十六日に出蔵したとすると、その意味が問われることになる。しかし残念ながら、いまその理由を明らかにできないが、今日的感覚でいえば、年末も押し詰まった十二月二十六日になって、わざわざ宝庫の扉を開けているのは余程《よほど》のことではあるまいか。奈良時代後期の年中行事の実態はまだ十分に解明されていないが、年末も押し詰まって宝庫から皇位継承に用いられる刀に準じるような刀を取り出していることは、なにかそれを取り出さなくてはならない必然性があったものと思われる。具体的には明らかに言えないが、一つの可能性を示すならば、藤原仲麻呂に擁立された淳仁天皇《じゅんにんてんのう》が翌年正月の朝賀の儀に出御する際に佩用したか、またその場に携行されたのではなかったろうか。

これらの刀は藤原氏と皇室を結ぶ象徴的なものとよくいわれるが、末永雅雄氏が早くにこれらの陰陽の宝剣は皇位継承にかかわりの深いものと指摘されている。そのような刀を光明皇后《こうみょうこうごう》が淳仁天皇に贈られたのである。当時はまだ淳仁天皇と光明皇后の子孝謙天皇との間に対立はなく、光明皇后も仲麻呂に擁立された淳仁天皇に期待するところが大であったと思われる。

したがって藤原氏に縁があり、かつ草壁皇太子・文武天皇・聖武天皇にも関係の深い刀を淳仁天皇は光明皇后から贈られたのではないかと考えている。

なお念のためにいえば、文武天皇以降、淳仁天皇に至る歴代天皇の間で男性の天皇は聖武天皇のみで、その他の天皇はいずれも女帝であったから、刀は男性の天皇に贈られたものとなる。

これらのことから㈤横刀一口、㈥黒作懸佩刀一口が直ちに皇位の継承にかかわりのあるものというよりも、藤原氏が皇位継承に深くかかわっていることを示すものであったというべきものであろう。しかしこれらは「除物」の付箋があり、現存していないので、推定の域を出ないのは残念である。

なお八八口の刀が恵美押勝の乱のときに出蔵し、これらは返却されなかったようであるが、正倉院には「金銀鈿荘唐《きんぎんでんそうのから》太刀《たち》」という装飾的に勝れた大刀が伝わっており、松嶋順正氏によると、「国家珍宝帳」中の優品が返却されたのではないかといわれている。あるいは出蔵品の一部は返却されているのかも知れない。

以上、さまざまな問題を取上げてきたので説明に若干入り組んだところがある。そこで、改めて「国家珍宝帳」所載の刀の出蔵について、整理しておこう。

「国家珍宝帳」によると、一〇〇口の大刀が献納されていた。このこと自体は動かせないであろう。

ところが「出入帳」によると、天平宝字三年十二月二十六日に五口の大刀が出蔵している（したがってこの時点で九五口が宝庫に残っている）。出蔵の大刀の五口のうち四口について、私は「国家珍宝帳」に「除物」の付箋の貼られているものがそれに該当すると考えた。残る一口については、これまで具体的な記述を行っていないが、もう少し保留しておく。

その後、天平宝字八年の恵美押勝の乱において、安寛法師に付されて八八口の刀が内裏に進められ、返却されなかったと考えられている（この時点で宝庫には七口の大刀が残っていたことになる）。ところが現存の金銀鈿荘唐大刀を見ると、八八口のうち、一口は返却されているかも知れないといわれている。もっともこのことは奈良時代の記録では確認できない。

さらに宝亀七年（七七六）九月二十一日に勅使藤原小黒麻呂《おぐろまろ》と紀難波麻呂《きのなにわまろ》が調査したところ五口の刀が伝わっていないという（かくして宝庫には二口の大刀しかない）。

延暦六年（七八七）の曝涼帳によると、現存しているのは御杖刀二口のみであるという。

右に、「国家珍宝帳」に記載されている刀について出入りの様子を明らかにしたが、天平宝字三年十二月二十六日に出蔵の五口の刀のうち四口について「国家珍宝帳」に「除物」の付箋が貼られている。それでは付箋の貼られていない一口はどこへいったのであろうか。先に保留した問題について考えてみよう。

ここで注目されるのが㉒延暦六年の曝涼帳の記述である。同帳によると、天平宝字三年十二月二十六日に刀一口が出蔵していたと記されている。先に述べたように天平宝字三年十二月二十六日には「除物」とされている刀が四口出蔵している。ここで曝涼帳にいう一口と「除物」の四口との関係であるが、⑱「出入帳」によると、天平宝字三年十二月二十六日には五口の刀が出蔵しているのである。これらを整合的に整理すると、曝涼帳にいう一口と「除物」の四口のあわせて五口が⑱「出入帳」の五口に相当するということになろう。とするとやはり天平宝字三年十二月二十六日には五口の刀が実際には出蔵していたのである。

それにもかかわらず、曝涼帳ではなぜ一口しか出蔵していないとするのか。また五口の刀が出蔵しているのになぜ「除物」の刀は四口なのであろうか。その違いとは何であろうか。

私は「国家珍宝帳」に貼付された「除物」とは、そこに記載されていた宝物は「国家珍宝帳」から抹消するという意味であって、出蔵によってなくなりましたということではないと思う。もう少し強くいえば、「国家珍宝帳」に記して献上したものではあったが、東大寺大仏に献上すべき宝物ではないから、献上品から取り下げ、したがって献上の目録からは除外しておくべきもの、「除物」である。それに対し、曝涼帳で出蔵とされたのは、「国家珍宝帳」に記載されていたもの、つまり東大寺大仏に献上された宝物がなんらかの理由で取り出されたのである。つまりこれは献上の事実を認めたうえで、出蔵しているのである。献上の事実そのものを否定したのが「除物」の意味である。

したがって宝剣の類ではなく、聖武天皇と光明皇后にとって個人的にもゆかりの深い納采の品が除物として目録から抹消されたのも、聖武天皇の遺愛の品々を奉献したものの中に相応《ふさわ》しいかどうかの判断があったのではあるまいか。

恵美押勝《えみのおしかつ》の乱のとき、刀以外にも正倉院宝庫から出蔵した武器に、弓と箭《や》がある。まず弓について、先にも引用したが延暦六年「曝涼帳」によると、

弓

御弓一百張八十四張梓、六張欟、一張阿恵八張檀、一張肥美

別色□□三張一蘇芳、一□□□□□□小檀

箭一百具　甲九十九領十領短甲八十九領挂甲

已上四種、亦附同法師進内裏、

とある（『大日本古文書』二五―一三）。前半を省略したのでわかりにくいが、先にも述べたように、天平宝字八年九月十一日の恵美押勝の乱のときに安寛法師をして刀を出蔵しているが、この弓も安寛法師が倉から取り出して内裏に進めたと記しているものである。

　ところでこの文書に関するものが⑱「出入帳」にある。それによると、

　　御弓壱百三枝　梓八十四枝、欟六枝、阿恵一枝、檀九枝、肥美一枝、蘇芳一枝、水牛角弓一枝

とあるから（『大日本古文書』四―一九四）、延暦六年の「曝涼帳」の御弓一〇〇帳と「出入帳」の御弓一〇三帳とでは三張違っているように見えるが、実際にその三張は「曝涼帳」の「別色□□三張　一蘇芳一□□□□　□小檀」に当たるものである。

「国家珍宝帳」によると、「御弓壱百張」として個別に弓を列挙したあと、「別色御弓三張」と記している。したがって安寛法師が内裏に進めた御弓は「国家珍宝帳」所載の御弓一〇三張のすべてであったことがわかる。

　では現在の正倉院に弓がないかといえば、実はそうではない。正倉院宝庫には現在も梓《あずさ》弓《ゆみ》三張、槻弓《つきのゆみ》二四張（中倉一、二）が納められているのである。ただ安寛法師の持ち出した弓は「国家珍宝帳」所載の、北倉に納められていたもので、現存の弓は中倉に納まっているものであるから、現在、正倉院に伝わっている弓は、もともと東大寺に伝わったもの

と考えるのが自然であろう。しかし私は、「国家珍宝帳」に所載の弓が北倉から持ち出されたあと、一部が宝庫に返却された時、それが北倉ではなく中倉に整理されたものもあるのではないかと考えている。そのように考えるのは、胡禄《ころく》の例があるからである。

胡禄と箭

弓と一体のものに鞆《とも》や胡禄・箭などがある。延暦六年の「曝涼帳」によると、箭一〇〇具が弓と同様に、安寛法師によって内裏に進められている。「箭壱百具」という表記は「国家珍宝帳」のそれと同じであるが、ここで意味する箭は弓に番《つが》えて放たれる矢だけのことではなく、いわゆる胡禄に矢が納まっている状態のものを指しているようである。現在、正倉院宝庫に収納されている胡禄二九具にはほぼ五〇隻ぐらいの箭が納まっている（中倉四）。そのことを前提に⑱「出入帳」の当該箇所を見ると、

靫参具納矢二百四十隻、背琴漆靫壱具納矢五十隻

胡禄玖拾陸具各納矢

とある（『大日本古文書』四―一九四）。靫と胡禄合わせて一〇〇具であるが、これが「国家珍宝帳」の箭一〇〇具に相当する。

さてこれら武器が出蔵したのであるが、これらを返却したとする文書は見当たらない。しかし弓と同じく、恵美押勝の乱が鎮定されると、正倉院宝庫から持ち出された胡禄のご

く一部ではあろうが、正倉院宝庫に返却されたらしい。現在、正倉院には胡禄は三三点あるが、いずれも中倉に納められている（中倉四、五）。しかし本来は北倉に入るべきものを中倉に納めて整理しているのではないかと思われるのである。

現存の中倉の納物に漆葛《うるしかずら》胡禄一具とするものがある（中倉四―一一）。ところがこの漆葛胡禄一具には次のような木牌がついている。

（表）「矢一柄　木工衣縫大市所給如件」

（裏）「天平宝字八年九月十四日」

恵美押勝の乱から四日後のものであるが、実のところこれが先の安寛法師が正倉から持ち出したものかどうか断定できない。しかしこれが正倉から持ち出されたものとすると、乱の最中に木工寮の衣縫大市に支給され、乱後に返却されたものが現在、中倉に収納されていることになるのではなかろうか。

正倉院の武器・武具としては、現在も、梓弓三張、槻弓二四張、鞆一五口、胡禄三三具、箭八二束、太刀二六口、手鉾五口、鉾三三枚と馬具一〇具、残欠馬具四具が大量に伝わっている（中倉一～一三）。これらの中には恵美押勝の乱で出蔵したものが、漆葛胡禄一具のように正倉院に返却されたとすると、それらは今はおおむね中倉に整理されている。「国

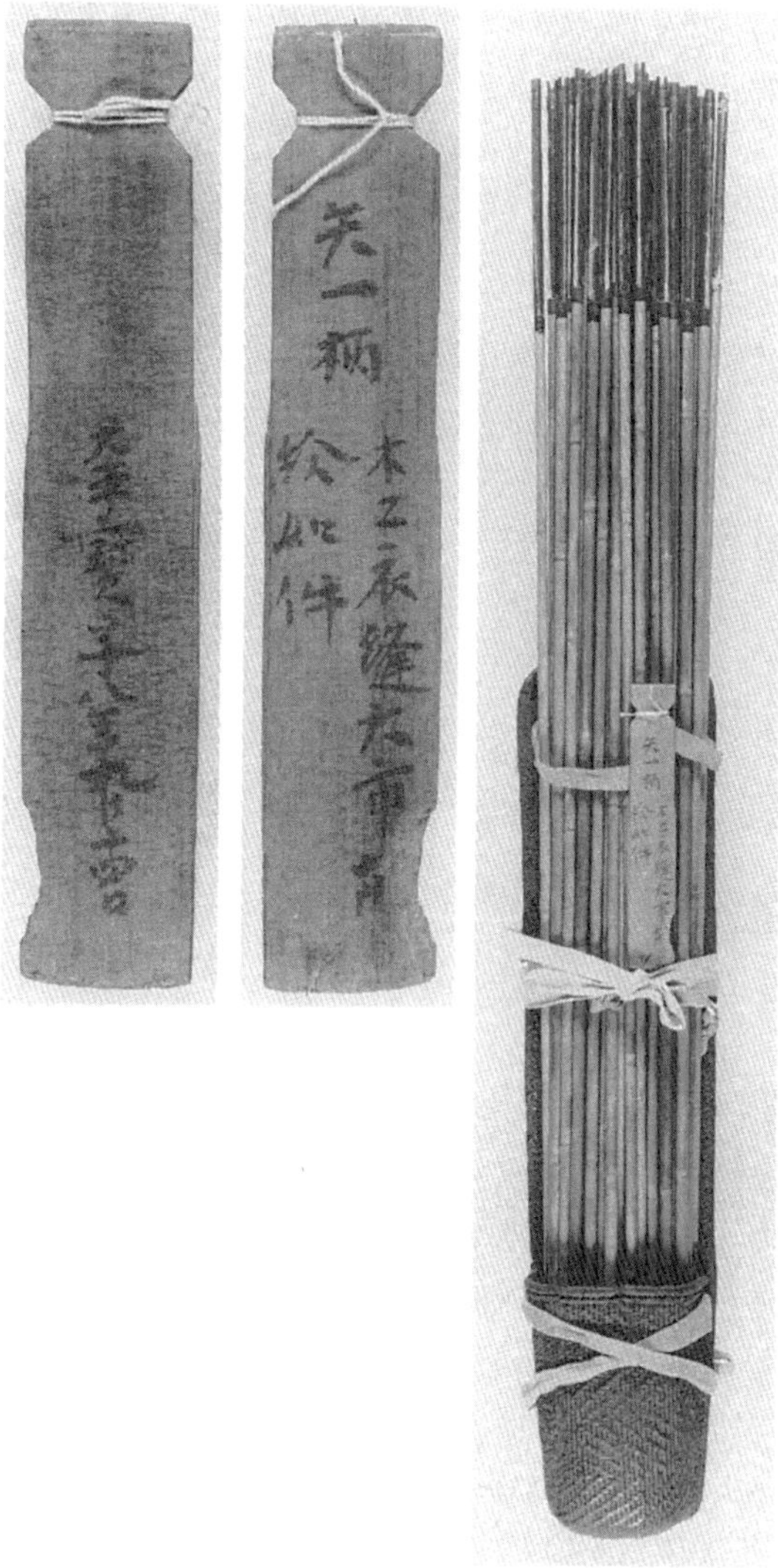

図16　漆葛胡禄（右）とその木牌　表（中）・裏（左）

家珍宝帳」に所載の武器で今も確実にそれとわかるものは御杖刀二口である（北倉三九）。そのほかにも、金銀鈿荘唐大刀一具が伝わっている（北倉三八）が、これなどは前記のように押勝の乱で出蔵したのち、返納されたものではないかといわれており、おそらくそのとおりと思われる。もとよりこれらの武器・武具がすべて東大寺の所有であったと考えるにはやはり違和感がある。私はこれまで述べてきたように、もともと「国家珍宝帳」に記載されて北倉に収納されていたものが出蔵され、しかし返納されたときに当初の倉ではなく、中倉に整理されたものがあるのではなかろうかと推定している。

楽器

「国家珍宝帳」によると、楽器もかなりのものが宮中に持ち出されている。そのいくつかの例を記してみよう。

奈良時代後半の宝亀九年（七七八）五月十八日に紫檀琵琶《したんのびわ》が持ち出され、このときは翌年十二月六日に返却されている（『大日本古文書』四―一九八）。しかし同じ琵琶が弘仁十四年（八二三）二月十九日にまた出蔵されたときには、ついに返却されず、代わりに三合《さんごう》槽《そう》琵琶が納められている（『大日本古文書』二五―六九）。

弘仁五年（八一四）十月十九日には漆琴と銀平文琴《ぎんひょうもんのきん》が出蔵されているが、弘仁八年（八一七）五月二十七日に代りのものが納められている（『大日本古文書』二五―六三）。したがってこのとき出蔵した銀平文琴がどのような楽器なのかわからないが、代納された金銀平文琴は中国唐で作られたもの、現存宝物中でも屈指の芸術品である（北倉二六）。

弘仁十四年（八二三）二月十九日に螺鈿《らでん》紫檀五絃琵琶や金鏤新羅琴二張、さらに桐木箏と鍬木《くわきのしつ》瑟が出蔵している（『大日本古文書』二五―六九）。五絃琵琶は、もとインドに起こり、キジルを経てやがて中国の魏の国に伝わり、唐で完成した後、日本に伝来してきたものであるが、現在、中国でも壁画や文献の中でしか姿を見ることができず、世界のどこにもこのような五絃琵琶の実物は伝わっていない。

したがって日本に伝わっている五絃琵琶は世界にただ一つしかない貴重なものである。なおこの五絃琵琶は中国で製作されたもので、この琵琶に施された文様は中国唐代の最高の技術を駆使して製作されたものである。今、私どもが五絃琵琶について、形、文様、大きさなどについて認識することができるのは、出蔵の二ヵ月後の四月十四日に返納されているからである（『大日本古文書』二五―六九）。

五絃琵琶と同日に出蔵された金鏤新羅琴二張は原宝物が返納されず、五絃琵琶が返納されたのと同日に金泥画新羅琴と金薄押新羅琴の二張が代納されている（『大日本古文書』二五―六九）。

また鍬木瑟は出蔵後二ヵ月で返納されたが、桐木箏《そう》は金鏤新羅琴二張と同じく原宝物が返却されず、槻表桐裏箏が替わって正倉院に返却されている。

このように出蔵された楽器について、一部であるが原宝物ではなく代納品が今も伝わっている。しかし右にも述べたように、代納品とはいえ、いずれもすばらしい出来上がりの宝物ばかりである。とすると、原宝物はどこへいったのであろうか。また原宝物以上に素晴らしい代用品、一歩下がって見ても、原宝物とは遜色のない、そのように素晴らしい宝物がなぜ代納されたのかよくわからないが、宮中にはそのように素晴らしい宝物が他にも存在していたのであろう。なおこのように多くの楽器が宮中に持ち出されているが、その意味については、もう一、二点、別の宝物の例を見てから考えることにしよう。

屏　風

宝庫から宮中へ持ち出された宝物でさらに注目したいのは屏風である。

天平宝字六年（七六二）十二月十四日に「欧陽詢真蹟屏風壱具」が道鏡禅師に貸し与えられている（『大日本古文書』四―一九二）。この屏風貸与については先に述べたように、道鏡は習字のためにこれらを借用したものと思われる。

神護景雲四年（七七〇）五月九日に「一牒薄墨馬形」と「一牒散楽形」という三帖の屏風が様《ためし》として造寺司に下し置かれたと「双倉北物用帳」にみえる（『大日本古文書』四―一

九六）。いまこれらが「国家珍宝帳」の一〇〇帖の屏風のどれに該当するか決め手に欠けるが、松島順正氏の調査によると、前者の「二僕薄墨馬形」は「国家珍宝帳」の「素画夜遊屏風一具両畳」に相当し、後者の「一僕散楽形」は「大唐勤政楼前観楽図屏風六扇」に当たるとのことである。これらは屏風の様として出蔵されたが、数年後にその目的が達せられたらしく、宝亀三年（七七二）八月二十八日に返納されている（『大日本古文書』四―一九七）。その後、再びこれらの屏風が宮中に持ち出されている。

弘仁五年（八一四）九月十七日に山水画屏風一具をはじめ、国図屏風六扇、大唐勤政楼前観楽図屏風六扇、大唐古様宮殿画屏風二畳など併せて三六帖が持ち出されている（『大日本古文書』二五―六〇～六三）。これらの屏風に共通しているのは中国・朝鮮などの宮殿や名所の風景が描かれており、神護景雲四年に出蔵し、宝亀三年に返却された「一僕散楽形」の屏風も含まれていたようである。

宝物出蔵の意味

以上、正倉院宝庫から持ち出された宝物のうち、薬物、武器・武具、書、楽器、屏風について見てきた。これを大別すると、前二者の薬物、武器・武具は実用的なもの、後三者は趣味・嗜好に属するものであるが、注目されるのは、後三者の出蔵がおおむね平安時代初期の嵯峨天皇の時代に多いという事実である。

この天皇の時代には、八世紀以来の中国の先進的な文化に学ぶことが最高潮に達していたときである。七世紀の半ば以降から八世紀の初めに確立した律令体制がほぼ一世紀を経て次第に解体するなかで、もう一度、律令体制を見直すこと、つまりそれは律令体制を築いた中国の思想・文化の根底を知ることであるとのことから、宮中において、さまざまな方法で中国文化を学んでいる。その一つに漢詩を詠む会が開かれている。そしてさらにその後の宴において、人々は中国唐の宮廷や名所旧跡の風景を描いた屏風を背景に、唐から伝わった楽器などを演奏しながら、中国を自らのものにしようとしていたようである。そのような中国文化を再現するための屏風や楽器が正倉院宝庫から出用されたのである。つまり唐風文化が正倉院宝物を用いて再現されたのである。しかしやがてこのような唐風文化から国風文化に移っていくと、唐風文化を代表する正倉院宝庫の開扉は、以前ほどの頻度で行われなくなったのである。

宝物の出入——平安時代中期以降の場合

斉衡三年（八五六）を最後に、正倉院宝物に対する曝涼・点検は行われなくなったが、正倉院のことが人々の記憶からまったく消え去ってしまったわけではない。

楽　器

たとえば「雑財物出入帳」によると（『大日本古文書』二五—一一五）、

⎣壱⎡

呉竹竽一口納紫綾袋⎡

　已上、納双倉北一⎡

別当大法師位「真昶」

上座法師位「慶恩」　都維那□□

寺主法師位

使掃部頭従五位上藤原朝臣「貞敏」

右少史正六位上刑部造「真鯨」

少監物正六位下已斐「俊□」

とある。「呉竹竿《くれたけのう》一口」の前行にある「□壱□」が何を意味しているか不明であるが、何かの宝物を指すことは間違いない。また本文書によって出蔵していたらしい何かの宝物が、

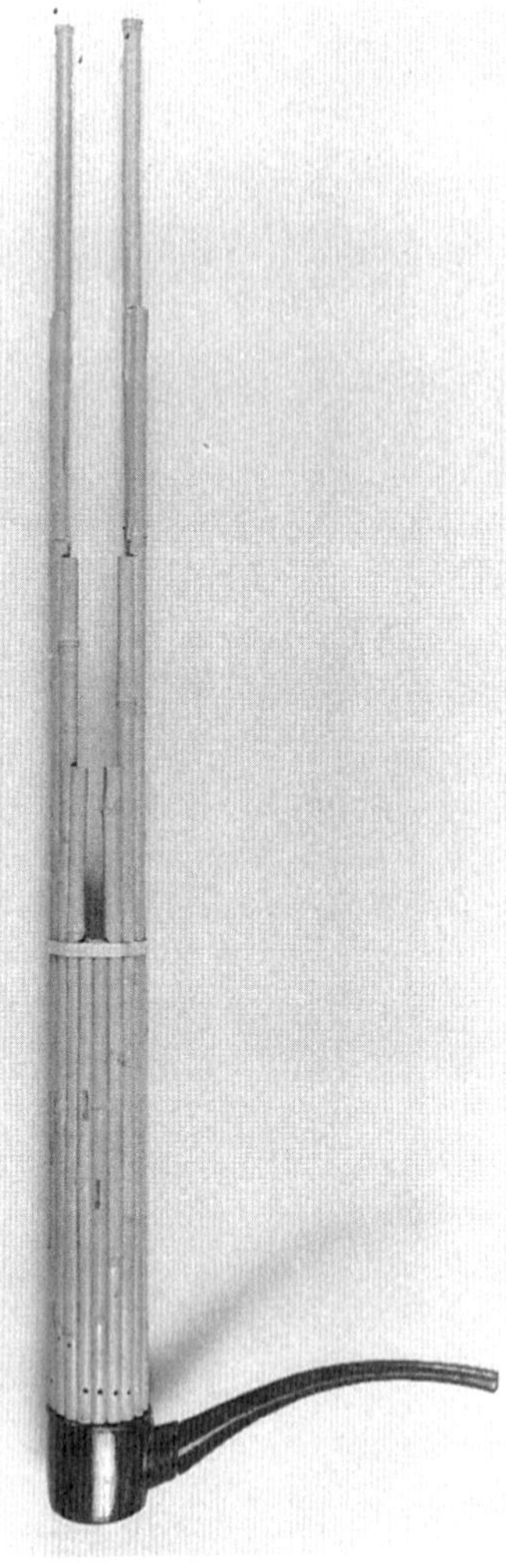

図17　呉竹竿（北倉32）

双倉の北倉に返却されたことがわかる。しかしそれがいつのことか、本文書は年記を欠いているので明確ではないが、「別当大法師位真袒」の「真袒」が別当に補任されたのが『東大寺別当次第』によると、貞観《じょうがん》元年（八五九）で（月日を欠く）、一二年間その任にあったが、元慶《がんぎょう》三年（八七九）二月四日に再び補任され、この年に入寂したらしく、翌年四月九日に後任者を定めている。したがって貞観期か元慶期かのいずれかであろうが、本文書はそのころの文書ということになる。当時はまだ双倉とよばれていたことがわかる。

いま貞観か元慶かいずれの時期のものか確定できないが、いずれにしろ九世紀の後半になっても、楽器が出蔵していたことを確認することができる。

供養具

正倉院宝庫から、宝物が出蔵していることについて、さらに「仏具出入注文」によると（『大日本古文書』二五―一一六〜一一七）、

以延喜十九年三月十三日下、大仏御鉢事、
　合捌口（四口銀、在各輪、／四口金泥、在各輪、）
　又花盤漆枚
　　　　請上司等
　　　　　案主狩豊□〔助〕

下造司知事「昌鐙」
□〔出〕納忌部「有直」
以同日代時、暫間返進上司、案主狩「豊助」
請収造司
知事「昌鐙」
出納忌部「有藤」
□同十四日卯時、銀鉢肆口出、在各同輪、
下請　上司案主狩□〔豊〕助
下造司
知事□□〔昌鐙〕
以同日未時、返進如員
上司小寺主□□
案主□

とあり、大仏の供養のために用いる銀と金泥の鉢八口、花盤七枚が延喜十九年（九一九）三月十三日に出蔵し、同日戌時《いぬのとき》に返上されていることがわかる。

また同じく「仏具出入注文」によると、その翌日には、銀製の鉢四口が出蔵しているが、これも同日に返上されている。

これらの銀鉢や金泥鉢、あるいは花盤などがどの倉に、つまり北倉か南倉なのか、あるいはそれ以外の倉に納められていたのか、明確ではない。しかし、ここでこれらの鉢を請求し、またそれを出蔵しているのがいずれも東大寺関係の人々であること、また北倉の宝物を取り出したときのように、たとえば前掲の「呉竹竿」の出入のときのように、勅使や太政官の官人である右少史や中務省の少監物などの名を見出せないなどのことからみても、大仏供養のための銀鉢などの出蔵は少なくとも北倉でないことは確実で、この文書の保存の実態から考えると、南倉に納められていたものではないかと推定できる。

伎楽面

また「東大寺三綱楽具出倉注進」によると（『大日本古文書』二五－付録一一八）、

注進　取出伎楽面装束面事

面十一　装束之内　表着五　袴一

師子之表着二　持幡八流　帯二

右、注進如件、

長治二年三月十六日　権都維那
都維那
別当法眼「勝覚」
上座威儀師「慶源」
寺主大法師「朝信」
権寺主大法師「賢快」
権寺主大法師「林幸」

とあるように、伎楽面とその装束を取り出している。伎楽面とその装束なども、もともと三綱の管轄する南倉に収納されていたものと思われる。だからこそ、その面や装束を取り出すのに勅を奉ずることなく、三綱や東大寺関係者の判断でのみ出蔵しているのである。

さらにこれらの宝物が南倉に収納されているものであることは、長治二年（一一〇五）からまもなくの永久五年（一一一七）八月七日に作成された「綱封蔵見在納物勘検注文」の中に、たとえば舞装束や伎楽面などが辛櫃に納められていたと記されているものと、おそらく合致するのであろう。

いずれにしろ、九世紀半ばすぎごろまでは北倉の宝物の出入りを確認することができたが、その後は、文書の存在形態に関係あるとしても、北倉の宝物の出入りはしばらくの間確認できず、もっぱら、しかしそれもわずかであるが、南倉の宝物が出入りしているようである。

宝物の点検

宝物の曝涼と点検――奈良時代末から平安時代初期

曝涼・点検文書

かつて正倉院宝庫においては曝涼《ばくりょう》が秋の主たる行事の一つであった。曝涼とは宝物の虫干しと風を通すことをいうが、正倉院においては、いまもなお秋冷の候に昔ながらの曝涼が行われていると思う人々がおられるようである。しかし現在、正倉院宝物はかつての校倉から空調の効いた東西両宝庫に移納して管理していることから、正倉院では曝涼とはいわず、開封による宝物の点検・調査といっている。しかし正倉院の歴史を顧みるとき、曝涼の語は正倉院宝物の保存管理にとって不可欠の言葉といえる。ここでは曝涼の語を含め、正倉院宝物の保存・管理の歴史について、検討することにしよう。

正倉院宝物の曝涼・点検文書について、すでに奈良時代末から平安時代初期に作成された文書を紹介しておいた。詳しくはその現存する五通の文書、実際に四度の宝物点検の記録であるが、あらためて検討しておこう。

正倉院宝庫の北倉には、いまも奈良時代末から平安時代初期の曝涼・点検文書五通を納めている。これらは献物帳に準じるものとして、正倉院では鄭重《ていちょう》に取り扱っている。それらを年代順に列挙すると次のとおりである（なおこれらの文書は先に引用したときの番号を再び使用する、本書六二〜六三ページ参照）。

㉒延暦　六年（七八七）六月二十六日曝涼使解（北倉一六二）
㉓延暦十二年（七九三）六月　十一日曝涼使解（北倉一六三）
㉔弘仁　二年（八一一）九月二十五日勘物使解（北倉一六四）
㉕斉衡　三年（八五六）六月二十五日雑財物実録（北倉一六五）
㉖礼冠礼服目録断簡（北倉一六六）

しかしこのうちの末尾にある㉖「礼冠礼服目録断簡」については、かつて栗原治夫氏が注意深く内容を検討され、前にも述べたように本断簡は㉕斉衡三年の「雑財物実録」の一部であることを明らかにされた。したがって曝涼・点検文書としては四通である。ただ正倉院宝物の曝涼・点検文書がこれ以前になかったかどうかについては右の文書以外に具体的に伝わっていないので断定できないが、柳雄太郎氏や関根真隆氏らの詳細な調査によると、少なくとも一～二度は点検され、そのとき文書が作成されていたようである。その点について、もう少し詳しくみることにしよう。

検定文

まず宝物の点検が行われたことが確認できるのは、恵美押勝の乱で武器が大量に持ち出された後、宝庫内の宝物――武器・武具――の点検を行った時のものである。すなわち⑱「出入帳」（北倉一七〇）の天平宝字八年（七六四）十月十三日の項に次のように記されている（『大日本古文書』四―一九五）。

十三日下検定文壱巻　第一
　右九月十一日進内裏兵器為比校進内裏如件、
　　　　　　判官弥努連「奥麻呂」
　　　（以下略）

右によると、かつて安寛法師が内裏に武器・武具を進めたが、その武器類を検査するために「検定文」を出蔵しているというものである。したがって「検定文」は押勝の乱以前に作成されていたと考えられる。

検定文作成の時期をいつとするか断定できないが、おそらく東大寺に宝物が献上されて後、押勝の乱までのある時期に宝物の点検が行われたのであろう。そのときに作成されたのが検定文で、「出入帳」によると、「検定文壱巻　第一」とあるから、おそらく武器・武具に関する部分が検定文の第一に記載されており、「国家珍宝帳」に所載のその他の宝物の点検が順次行われていたのであろう。

次に㉒延暦六年の曝涼帳によると、香薬や雑物などの曝涼にあたって、「検珍財帳」をもとにして点検するようにとの太政官符が下されている（『大日本古文書』二五―付録三二）。この「検珍財帳」がいつ作られたのかよくわからないが、「検珍財帳」に疑問があれば献物帳を引いて訂正するようにと述べているところからすると、これもある時期に献物帳をもとにして宝物の点検が行われたときに作成されたものと考えられる。

ところで押勝の乱の時には検定文が宝物の点検に用いられているが、㉒延暦六年の曝涼帳によると、「検定文」のことはどこにもなく「検珍財帳」をもとにするようにと指摘している。「検定文」は押勝の乱の時までは宝物の点検に有効であったが、その後は問題もあったために「検珍財帳」が作られたのであろうか。そのように考えることもまったく不可能ではないが、実際には「検定文」と「検珍財帳」は同じものかもわからない。

なお㉒延暦六年の曝涼帳によると、

勘倉出帳

天平宝字三年十二月廿六日出一口

天平宝字八年九月十一日、附安寛法師進内裏、八十八口、

五口

右、宝亀七年九月廿一日、勅使従四位下□〔行〕右衛士督藤原朝臣

小黒麻呂、刑部少輔従五位下紀朝臣難波麻呂所勘定

見二口並杖刀

とある（『大日本古文書』二五―付録一二～一三）。前にも紹介したように、「国家珍宝帳」によると、正倉院の大刀は一〇〇口あったが、右の調査によると、天平宝字三年に一口、同八年に八八口の合わせて八九口の大刀が出蔵している。またここでは見えないが、「除物」とあった大刀も天平宝字三年に四口出蔵しているから、同八年にはすでに九三口の大刀が出蔵していたことになる。ところが延暦六年の曝涼帳には「見二口」とあるから、このとき一〇〇口の大刀のうち二口が残っていたことになる。とすると五口について問題が残るが、関根氏によると、曝涼帳に「五口」とあるところは、もともと「欠五口」とあっ

たところで、実は「欠」字が見えなくなっているのであるという。ところで右に引用したのは『大日本古文書』の翻刻に従ったためであるが、原本の体裁でもう一度翻刻すると、次のとおりである。

勘倉出帳
天平宝字三年十二月廿六日出一口
天平宝字八年九月十一日、附安寛法師進　内裏、
八十八口、
□□口
右、宝亀七年九月廿一日、勅使従四位□下右
衛士督藤原朝臣小黒麻呂、刑部少輔従五位下
紀朝臣難波麻呂所勘定
見二口並杖刀

右の翻刻箇所のうち「□□」の部分について、『大日本古文書』は「五」としているが、実際には「五」と読むのは困難であって、強いていえば「五」の最終画の「一」がかろうじて見えることから「五」と推定しただけである。もっとも前後の関係から、この最終画

の「二」が「五」であると考えてよいが、その「五」の位置は右の翻刻のように、隣の「八十八口」の「十」と並んでいるのである。とすると、「□□口」は「□五口」となる。そこで問題は、「五」の上にどのような文字を想定できるかであるが、関根氏は「欠」という文字が読めなくなっているものと想定された。私もこの指摘に従うべきであると思う。「□□口」を「欠五口」と考えることができるとすると、宝亀七年（七七六）九月二十一日の勅使による点検のとき、すでに五口の大刀は存在していなかったことになる。以上の計算によって「国家珍宝帳」に見えた一〇〇口の大刀がどこへいったかはともかく、いつ宝庫から出蔵したか、また宝亀七年の時点で二口を除き、すべて流失していたということは確認できる。

ここで注意されるのは、なぜ宝亀七年に勅使による勘定が行われたのかということである。いまのところこの件について、具体的な解答を準備できないが、注意したいのは、このとき勘定されたのは大刀のみで、その他の宝物類に及んでいないことである。したがって宝亀七年の勅使による勘定の目的が大刀の点検にあったとすると、押勝の乱のときのような、宮廷の内外で武器を必要とするなんらかの事態があったのではないかと想定できる。しかし今のところ具体的な政変に繋がりそうな出来事は表向きには見当たらない。この

二、三年前から東北地方では蝦夷の反乱が起こり、武力鎮圧を行っていたこととの関係があると考えられなくはないが、それにしても確証があるわけではないから、いまこれ以上の推察は控えなければならない。

さて推察の部分はともかく、宝物の点検は、早くに「検定文」が作られ、ついで「検珍財帳」が作成されている（あるいは「検定文」と「検珍財帳」は同じものかも知れない）。いまこれらの文書の作成時期は不明であるが、その後、宝亀七年に武器のみらしいが、勅使が遣わされて宝物の勘定が行われたことは明確である。

以上の点検は、宝物の現存数の確認が目的であったのに対し、宝物を曝涼し点検するということは㉒延暦六年の曝涼使解に基づくものが最初であろう。

曝涼・点検の目的

従来、北倉に収納されている宝物の曝涼、点検の理由について、さまざまな説が提出されているが、いずれも確たるものではない。これは宝物の点検を命じた曝涼使解を見ても、なぜ、この時期に宝物の曝涼・点検を行うのか具体的な目的を明記していないからである。

改めて㉒延暦六年の曝涼使解について、宝物点検の趣旨を考えてみよう。そこには、延暦六年六月十三日の符によって、香薬を曝涼し、ならびに雑物をまた簡択して現在

量の調査をするように、それには「検珍財帳」を本とし、時に疑があれば、献物帳を引いて改正するように、

と記しているだけである（『大日本古文書』二五—付録三二）。

このためさまざまな憶説が出されるのであるが、この宝物点検の趣旨は、香薬の曝涼が第一次の目的であったことは確実であろう。実際にこのときの点検記録をみると、香薬の曝涼に主眼があったようである。

香薬の出蔵についてはこれまでかなり頻繁に行われていた。それだけに政府としても光明皇后の宝物献上以来、点検の時点までにどれだけ宝物が出蔵しているか、逆にいえば、どれだけの宝物が伝わっているか、とくに香薬の現在量を確認しておく必要があって、そのために点検を命じたものと思われる。㉒延暦六年の曝涼使の中に、内薬侍医難波連伊賀《なにわのむらじいが》麻呂《まろ》の名が見えることからも推察することができる。

それから六年後の㉓延暦十二年六月に宝物の曝涼・点検を行っているが、曝涼使解には、右大臣は、勅を奉じて、彼の寺にある香薬を曝涼のため、使者を派遣するようにとの宣旨を下された。そこで太政官はその宣旨にそって彼の寺に使者を向かわしめるので、寺はこの趣旨を解し、使いの処分を聞くように、また少僧都玄憐および三綱は使いと

共に検校を加えるべしと命じられた。そこで東大寺は、謹んで太政官符の趣旨を奉じて、宝物の曝涼を行ったので、ここにその内容を謹んで報告する、

と記している（『大日本古文書』二五―付録五三）。ここでは宝物一般はそれほど問題にはされず、東大寺にある香薬を曝涼するために使を派遣すると述べており、前回以上に香薬の調査が問題になっていることに注意しておこう。このときもまた前回と同様に、内薬侍医広海連《ひろうみのむらじ》男成《おなり》が曝涼使の中に名を連ねているのである。

ところで㉒延暦六年と㉓同十二年の調査を比較すると、六年の調査は東大寺献物帳の記載の順序に従って宝物を書き上げ、その順序で曝涼と点検が行われているが、十二年の調査では、基本的には献物帳の記載に従うといいながら、櫃単位に分類し、その順序に従って整理しているのである。とくに櫃単位に整理されているのは、薬物の二一櫃が基本である。このような点検のあり方は、その後の㉔弘仁二年の勘物使解に、

弘仁二年九月七日の太政官符によって、東大寺の資財幷びに官物を調査するように命じられ、使者を遣わすので、東大寺と大和国はその旨を承知し、延暦十二年の曝涼使等の検帳によって、用ならびに遺る所の官物を調査記録して報告する、

と記しており、ここでも東大寺の資財ならびに官物の調査を行うとしているが、そのもと

になっているのは、㉒延暦十二年の曝涼使の検査記録である。そこで弘仁二年の勘物使は、延暦十二年の曝涼使の検査記録と照合して、資財幷びに官物一般はもとより、とくに香薬がどれだけ使用され、いかほどの香薬が残っているかの調査が行われているのである。

ついで行われた㉕斉衡三年雑財物等実録帳にはただ点検したことを示すのみであるが、香薬以外の宝物の点検は献物帳の記載を踏襲している。

以上の四度の曝涼・点検文書を概観したところ、香薬を中心に宝物の曝涼・点検が行われていることが確認できるが、この後、正倉院宝庫から香薬を持ち出して仏事や施薬院に充てている例はほとんど見られず、㉕斉衡三年雑財物等実録帳以降の事例では、紫鉱《しこう》六斤が貞観二年（八六〇）八月十四日に出蔵したらしいことが窺えるぐらいである（㉑「御物納目散帳」『大日本古文書』二五―九四）。この紫鉱が果たして香薬なのか、染料として出蔵を求められたのか確認できないから、香薬としては若干、問題があろう。

正倉院宝物は香薬だけではなく、美術工芸品なども人々の関心を惹きつけていたことは前節で述べたところで、それらの宝物についても曝涼・点検が行われていることはいうまでもない。しかし斉衡三年の曝涼・点検を最後に、しばらくの間、系統的な宝物の点検は行われていない。それのみならず宝物の出蔵そのものもほとんど行われなくなった。前にも述べたが、九世紀の初頭に正倉院宝物がしばしば中国文化を象徴するものとして宮廷の内部を飾り、また漢詩の会などの室礼の一部に利用されていたが、九世紀の中ごろから、いわゆる国風文化の発展にともない、最も中国的な文物である正倉院宝物が以前ほど注目されなくなったのが出蔵されなかった一つの理由である。

もう一つ、従来あまり注意されないようであるが、九世紀の中ごろ以降、幼少の天皇が即位し、かつ比較的早く退位されるようになると、政治は摂政・関白によって行われ、かつての天皇を中心とする漢詩の会は催されず、後宮を中心に形成されたサロンにおいてさまざまな文化的な催しが行われるようになった。そのような幼少の天皇が正倉院宝物の出蔵を命じることはなく、正倉院宝物に対する人々の関心は次第に薄れていったのであろう。

宝物の移納と点検——平安時代末から江戸時代

平安時代末以降の点検史料

平安時代初期の斉衡三年に宝物の系統的な点検が行われてから、まとまった形での宝物点検はしばらく行われなかった。ところが平安時代末になって、宝物の点検が行われたとする記録があり、その後、江戸時代末に至るまでの間、何度かにわたる宝物の点検記録が残っている。すでに関根真隆氏が関係文書の整理を行っているが、氏の取り上げたほかにも二度ばかり宝物を開検したときの目録類が記録されているので、それらの点検の実態を追いながら、その時々の人の宝物に寄せる関心のありかたについて検討してみよう。

㉗永久　五年（一一一七）　八月　七日綱封蔵見在納物勘検注文

（『大日本古文書』編年文書二十五）
㉘建久　四年（一一九三）　八月廿五日東大寺勅封蔵開検目録
（『続々群書類従』第十六雑部）
㉙寛元　元年（一二四三）閏七月廿三日東大寺勅封蔵御物目録
（『続々群書類従』第十六雑部）
㉚弘安十一年（一二八八）　四月廿三日東大寺勅封蔵重宝目録
（『続々群書類従』第十六雑部）
㉛慶長十七年（一六一二）十一月十三日東大寺三蔵御宝物改之帳
（『続々群書類従』第十六雑部）
㉜寛文　六年（一六六六）　三蔵宝物目録（未刊）
㉝元禄　六年（一六九三）　五月　東大寺正倉院開封記
（『続々群書類従』第十六雑部）
㉞天保　四年（一八三三）　正倉院御宝物目録（未刊）

現在、知られている宝物の点検目録は以上のとおりであるが、次章で述べるように、このほかにもしばしば宝庫の開扉《かいひ》が行われているから、その際に、ここに記したような宝物の点検が行われ、目録も作成されていたかも知れない。しかし今のところ具体的に点検の内容がわかるものは以上の八例である。以下、順を追って、それぞれの問題点について触れてみよう。

白河上皇の点検

㉗永久五年の「綱封蔵見在納物勘検注文」は、平安時代後期になって久しく行っていなかった宝物の点検記録として注目される。前節で、延喜十九年（九一九）に大仏供養のために鉢や花盤が、また長治二年（一一〇五）には伎楽面とその装束を出蔵したと述べた（本書九五〜九七ページ）。ところが、前者については返納されたとあるが、後者については返納されたかどうか確認できない。ただ㉗永久五年の「綱封蔵見在納物勘検注文」によると、伎楽面とその装束を収納している辛櫃がいくつかあるので、それらのどれかが後者の伎楽関係用品である可能性もある。

いまのところ、長治二年の伎楽面とその装束が返納されたかどうかについては、その程度のあいまいさでしか答えられないが、「綱封蔵見在納物勘検注文」によると永久五年、かなり詳しく宝物の点検が行われたようである。

まず本文書の冒頭において、

勘注

　　東大寺綱封蔵見在納物事

と記した後、ついで綱封倉に収納の宝物について、つまり南倉の階上・階下にわけ、辛櫃に収納されているものはその櫃ごとに点検した結果を記し、最後に奥書において、

　　依㆓院宣幷今月四日綱牒㆒、勘注如㆑件、抑古目録幷近年被㆓開検㆒目録、共以不㆑見、大略不㆑被㆓注置㆒之歟、仍納物本数有無減少、更不㆑能㆓勘注㆒、於㆓重物㆒者、去年多被㆑移㆓勅封蔵㆒畢云々、今見在納物許検注耳、

と宝物点検の趣旨や問題点を述べている。

第一に、これによると、白河上皇の院宣を蒙った三綱は東大寺に対し、綱封倉の点検を行うように命じており、それに基づいて東大寺は点検の結果を報告している。

第二に、この点検に当たって、「抑古目録幷近年被㆓開検㆒目録、共以不㆑見」とあるように、古目録にも近年の開検目録のいずれにもここに掲げている宝物のことが見えない。このため綱封倉の宝物について、納物の本来の数字がわからないから、納物本数の有無も減少の実数も把握できないので、勘注できないと記している。

第三に、「於㆓重物㆒者、去年多被㆑移㆓勅封蔵㆒畢云々」と記しているように、重要なものは、去年（去る年ヵ）多く勅封蔵に移納しているから、ここでの点検は綱封蔵に残ってい

るものだけであると記している。

まず第一点であるが、なぜ白河上皇が綱封蔵の点検を命じたのか、残念ながら具体的な理由を明らかにできない。しかし去年（去る年ヵ）、重物を勅封倉に移したので、その残りだけを点検すると述べているのは、綱封倉に何かの問題があったためと思われる。そこで重物を勅封倉に移した理由が明らかになるとよいが、その理由はわからない。ただ可能性としては、綱封倉の修理を要するようなことがあって、綱封倉の宝物のうち重物に限って勅封倉に移納したので、綱封倉に残っている宝物を調査したと考えられる。

しかしそれにしても勅封でもない綱封倉の内容物について、白河上皇が院宣を下して点検を命じたのは何故であろうか。今のところ、その理由を明らかにすることはできない。

ついで第二点であるが、綱封倉の宝物の点検にあたり、古目録や近年の開検目録を点検したところ、ここに記載している宝物のことが見えないとある。このことはこのたび、調査、点検しようとした宝物がもともと調査されていなかったことになるのではあるまいか。たとえば、ここに見える古目録はこれまで述べてきた献物帳や曝涼帳などを含め宝物の点検目録などのことであろうが、これまでの点検目録はいずれも北倉の宝物を対象にしてのもので、ここで問題になっている綱封倉、つまり南倉の点検目録ではなかったのであるから、綱封倉の宝物が含まれないのは当然であった。だがこのたび、重物は含まれないにしても、綱封倉のかなりの宝物の点検がなされたことは重要である。

たとえば本目録を見ると、経巻、仏具をはじめ舞楽の面や装束、あるいは鉢や花筥などが納められている。ここに収納されているものの多くについて、関根氏は奈良時代にすでに南倉に入っていたものではないかと推測されている。おそらくそのとおりであろうが、さらに関根氏によると、現在、これらの目録に見えるものが南倉に置かれているのは、それは明治の整理のおりに、この「永久目録」を参照した結果に基づくものであろうといわれている。その意味でも、本目録は極めて重要になる。

ただ注意したいのは、この「永久目録」によると、辛櫃八合に一切経が納入されていたとあるが、現在、南倉に経巻は収納されていない。実は、辛櫃八合に納められていた経巻は東大寺焼討ち後に次々に取り出されており、文治元年（一一八五）十一月十五日に経巻四三一帙を綱封倉から取り出して別倉に収納している（『大日本古文書』二五―付録一三五～一三六）。このため現在、南倉に経巻は納まっていない。他の経蔵に移されたという経蔵がどれか断定できない。あるいは東大寺尊勝院の聖語蔵などがそれに当たるかも知れないが、いまのところ根拠は見つかっていない。

鎌倉時代初めの点検

㉘建久四年の「東大寺勅封蔵開検目録」は、勅封倉の雨漏りによる宝庫の修理のため、北倉と中倉の宝物を南倉に移納した際に作られた目録である。

これより先、治承四年（一一八〇）十二月に平重衡による東大寺の焼討ちという大事件が発生し、東大寺の堂塔伽藍がほとんど消失したが、幸い正倉院は消失を免れた。その後、大仏殿の再建がなり、文治元年に大規模な落慶供養が行われた。このとき後白河上皇が奈良時代の大仏開眼会に用いたといわれる筆（開眼筆）を正倉から取り出し、新たに鋳造された大仏の開眼を行ったことはよく知られている。またこの開眼会に征夷大将軍源頼朝が出座していることにも留意しておきたい。

ところでこの建久四年の「勅封蔵開検目録」に記載されている宝物は、前記のとおり勅封倉（当時、北倉と中倉は勅封）の納物であるが、そのほかに七〇年前の永久五年に綱封倉から移された重物もこの中に含まれていた。したがって北倉のものがどれで、重物としてかつて南倉から北倉に移されていたものがどれか明確でないのは残念である。さらに翌年宝庫の修理が完了し、三月二十日にそれぞれの倉に宝物が返納されるが、どの倉に、どの宝物が返納されたのか確認できない。

これからしばらくの間、宝庫の修理や宝物の出蔵によってしばしば宝庫の開閉が行われているが、宝物の点検が総合的に、つまり建久目録のような形での宝物の整理は行われていない。しかし宝庫の修理などにあたって宝物の点検が行われている。

なおこの時、宝物の移納が行われたときの様子を伝えている記録によると、

韓櫃数十合納物堆多之間、或有下不レ知二名字一之物上、或有二一色繁多之物一、皆悉令二運下一者、持夫脛羸

とあるように、多数の宝物が韓櫃に入れられて、運ばれていたこと、多くの宝物の中には名もよくわからないものがあること、同一種類のものも少なくないこと、そして何よりもこれらの宝物を宝庫から運び降ろすのに脛が萎《な》えるほどの重いものであったことがよく理解できる（「東大寺続要録」宝蔵編）。

寛元元年の点検

㉙寛元元年（一二四三）の「東大寺勅封蔵御物目録」は鎌倉時代の初めの点検からほぼ五〇年振りのものである。この目録は、「東大寺勅封蔵記下」に収められているものであるが、同記によると、寛元元年閏七月二十日に左弁官は勅を奉じて、勅封蔵が雨露に浸され、破損が甚だしくなっているから、蔵の修理を行うが、その際、宝物を他所に移すので、その点検のために使者を派遣するとの弁官符を大和国と東大寺に下している。

実際にこの時、勅封蔵の宝物を印蔵（東大寺上司倉）に移納するにあたり、宝物の点検が行われているが、

　納物、運送之員数、以二彼是之目録一勘合之処、当時之見在大略無二相違一者也、運送之間、使部幷寺家使小綱、兵士等相副之、

と記している。「以二彼是之目録一勘合之処」とは、これ以前の目録、おそらく建久四年の「東大寺勅封蔵開検目録」などを照合したものと思われる。ただ建久四年と寛元元年の目録を対比しても、なかなか対応関係が明白にならないが、寛元元年の目録では、櫃の中身についてはいちいち点検せず、櫃として調査している。たとえば、

　東大寺勅封蔵御物
　　朱漆辛櫃四十五合　同櫃一合
　　同細櫃一合　同細長櫃三合
　　張櫃一合　檜絵辛櫃一合画牡丹
　　椙辛櫃卅五合　同櫃十三合
　　同絵櫃十三合　厨子二脚在金物
　　　已上有納物

と記しているとおりである。ところが宝物によっては櫃に入り切らない大きなものもある。そのようなものについては、たとえば、

　鴨毛屏風二帖在金物　屏風六十七帖在金物
　八角台一在金物　白木台一
　琴三張破損　沈一支長三尺余

などと書き上げている。

「鴨毛屏風」はいわゆる鳥毛屏風のことで、「沈一支」とは建久四年目録に見える「黄熟《おうじゆく》香《こう》一切長三尺許口一寸許」のことであろう。このほか建久四年と寛元元年の目録を対比すると、時代によって表現が異なるが、両者の間にはとくに矛盾はなく、整理の仕方が異なっているだけである。ただ注意しておきたいのは、建久四年の目録に見えた「玉冠二頭」や「白礼服二具、一具太上天皇一具皇太后宮」が寛元元年の目録には出てこない。これは後に述べるように、この少し前の仁治三年（一二四二）に、御即位礼服御覧で持ち出された礼服礼冠のうち、とくに御冠が大破したため寛元元年の目録からこの関係のものが除外されたのであろう。

それから三年後に宝庫の修理が完了し、寛元四年九月二十八日に宝物は上司倉《かみつかさのくら》から宝庫に返却されている。

その後も宝庫の開扉は何度か行われている。たとえば建長六年（一二五四）六月十七日に宝庫に落雷があり、北倉の扉や柱の一部が破損しているが、このとき宝物の点検までは行われなかったようである。またこの後、後嵯峨上皇が南都に下向し、正倉院の宝物をご覧になられたとの記録がある。ただそこで観られたものの一部は記録されているが、宝物の全貌とまではゆかないにしても、ある程度の宝物の様子がわかるほどの記録でもない。当時、宝物がどのように管理されていたかを窺うことはできない。

後深草上皇の点検

ところが弘安十一年（一二八八）に後深草上皇が宝物をご覧になられたときには、ひとつひとつの宝物名を列挙しているのではないが、ある程度の宝物の保存の様子を窺わせる記録が残っている。

すなわち㉚弘安十一年の「東大寺勅封蔵重宝目録」がそれである。この年四月二十三日に後深草上皇が南都に下向し、正倉院宝物をご覧になられた。そのとき記された目録に、

被㆑開㆓勅封蔵㆒、経㆓叡覧㆒重宝目録

とあるように、上皇の観られた重宝の目録である。したがってすべての宝物が書き上げられているわけではないが、寛元元年の目録に見えた「厨子」や「鴨毛屏風二帖」のほかに、開眼墨・筆や琵琶、白笙などの名がみえる。

その中に、朱漆櫃二六合のうちとして、玉冠を納めた一合を取り出している。先の寛元元年の目録には姿を消していた玉冠であるが、その玉冠の実態はよくわかっていない。仁治三年（一二四二）の御即位礼服御覧で持ち出された礼服礼冠は、確かにその年に思いがけない形で破損し、使用に耐えられなくなった。だからこそ寛元元年の目録で姿を消しているが、修理でもすれば使用することが可能であったのか、破損したままのものを観たいとの思いが上皇にあったのかも知れない。

実はこの年三月十五日に伏見天皇の即位の儀が行われており、それに先立って礼服御覧の儀が二月二十一日に行われている。しかしその儀には正倉院の玉冠は用いられていない。ところがそれから一ヵ月ぐらい後の四月二十三日の朝、後深草上皇は東大寺に参詣して受戒し、引き続いて正倉院宝庫の開扉を行っている。すでに即位礼は終了しているが、後深草上皇は玉冠に関心を抱いていたのであろう。そのことについては改めて取り上げたい。

宝物の点検がその後どのように行われていたのか、具体的な記述を欠くため判断できないが、宝物の様子が再び明らかになるのは、江戸時代に入ってからである。

慶長十七年の点検

㉛慶長十七年に宝庫の宝物が点検され、その時の記録が残されている。

そもそもこの時の点検は一〇年前の点検にさかのぼる。慶長七年（一六〇二）六月十一日に徳川家康の命によって宝庫を修理するかどうかについての点検を行われたのが発端である。宝庫の修理に家康の名が唐突に出てくるのに若干の戸惑いのようなものを感じるかも知れない。実際のところ、この時点でなぜ家康なのかよくわからないところがあるが、後に紹介する東大寺の記録によると、家康が天下人となった自覚から宝庫の修理を思い立ったとある。もとより誰かの進言を受け入れた結果であろう。

さて慶長七年に宝庫を修理するかどうかについての点検を行われ、その結果、宝庫の修理の必要性が指摘されたらしい。翌慶長八年（一六〇三）二月二十五日に宝庫の修理を行うことになり、宝物は東大寺の油倉に移納することになった。しかしこのとき、どのような宝物を移納したのかよくわかっていない。それからまもなく宝庫の修理が完了するが、宝物は元通り宝庫に返納されている。このとき、家康は長持三二個を寄進して宝物を整理するように命じているが、その時点ではまだ宝物の点検は行われていない。

しかし宝庫の点検が引き金になって思いもかけない事態が発生したのである。すなわち油倉などに宝物の移納が行われたが、それを見ていた人の中に、宝物の魔力に引きずられる人がいたのである。しかし宝物に魅力を感じたとしても、それだけでは宝庫へ侵入するなどということはなかった。ところが慶長十五年（一六一〇）七月二十一日に大風が吹いて、当時修理中の仮屋が倒壊したため、その復旧のため東大寺の塔頭《たっちゅう》が奉行を務めることになり、塔頭からそれぞれ一人ずつ出て修理を行うことになった。その最中に、作業の手順から資材の保安のため正倉院校倉の床下で休息している間に、彼らの頭上にある宝物の魔力に引きずられたのか、ついに彼らは宝庫の床下に穴を開けて侵入し、宝物を取り出してしまったのである。慶長十七年（一六一二）閏十月二十四日のことであった。しかしまもなく犯人は捕えられ、それから一ヵ月後の十一月十三日に徳川幕府の主導のもとに宝物の点検が行われ、「東大寺三蔵御宝物御改之帳」が作成されたのである。

宝物の点検が行われたとき、北倉の上下階と中倉の上段については具体的な宝物名を挙げて点検しているが、中倉の階下の宝物については、長持が二六個あるが、うち三個は切盗られ、二三個は昔のとおりと記すだけである。盗賊にあったものこそ厳重に調査すべきであろうが、現実にはそのようにはなっていない。その理由は不明といわざるをえない。もう一つ注目したいのは、このときの調査は、北倉と中倉のともに階上・階下の宝物が取り調べられているが、このうち南倉の宝物に及んでいない点である。綱封倉である南倉については管轄の違いもあるかもしれないし、盗賊の入った倉のみを調査したためかもわか

図18　正倉斜景

らない。いずれにしても、鎌倉時代の中期以降に点検されてからほぼ三四〇年後のことであるが、それにしてもこのたびの点検は、極めて貴重なデータを残してくれている。

寛文六年の点検

㉜寛文六年に「三蔵宝物目録」が作られている。この前後に従来の宝物の点検の時のようなきっかけ、たとえば建物の修理とか、宝物の盗難などといったこれといって際立った事件らしいものはない。ではなぜこのとき宝物の点検が行われたのか。東大寺は江戸幕府に対し、慶長の点検から五〇年を経て久しく宝庫の開閉を行っていないからとの名目で開閉許可を求めている。

これに対し、江戸幕府は直ちに開封許可を下すとともに、宝庫の点検は一〇年とか一五年ぐらいで行うべきで、瓦一枚壊れても雨漏りがして宝庫のためによくないことから、つねづね宝庫の管理は怠るべきではないとのことが幕府老中の意見として内々ながら東大寺に伝えられている。慶長十七年の宝庫の開封・点検が江戸幕府の主導のもとに行われているが、東大寺は五〇年後の開封に当たってもその許可を江戸幕府に求めているのである。慶長七年の宝庫の点検、宝物の調査などが幕府主導で行われているが、実際のところ勅封倉・綱封倉の関係なしに幕府の許可なくしては開封することができないのはこのときに始まったわけではない。

『東大寺正倉院御開封記浄俊記』に引く「正倉院御開封記」によると、

昔時、三倉御開封者自禁中計之、武家曾不倚、建久年中源頼朝公始所知之、自是相続自武家必有御沙汰例始于兹、

とあるように、古くは宝庫の開扉は朝廷の専決事項であった。ところが鎌倉時代の初め、源頼朝が宝庫の開扉にかかわって以来、勅封倉を開扉するための鍵は朝廷が掌握しているが、宝庫を開けさせる権限は武家が把握しているのである。具体的な事例は次章で述べるが、武家の許可なくして宝庫の修理・宝物の点検が行えないのは、武家の経済力に依存せざるをえなかったためであろう。このように鎌倉時代以来、宝庫の開封・点検にあたっては武家に経済的支援を求めており、皇室または東大寺の宝庫管理の権限が武家に把握されていることに注意しておきたい。

もう一つ注意したいのは寛文六年の「三蔵宝物目録」と慶長十七年の「開検目録」を対比すると、後者の慶長度の目録によると北倉にあったという宝物が、前者の寛文度の目録では南倉にあるとしていることである。関根氏によると、慶長度の目録が作られて間もなく、宝物の移動が行われたらしい。そのことは慶長度の目録の「北之端下之段」の末尾に、付箋

合三拾四長持数
右御長持東大寺御修理ニ付、北蔵より南御蔵へ移之、又南御蔵ニ有之、指もなき
御道具は、北蔵へ移し申候

と記している。北倉の宝物を修理のため南倉に移し、南倉のさしたるものでもない御道具を北倉に移したというのである。この宝物の移動の時期が宝庫の修理にともなうものとすると、慶長十七年以降に行われた宝庫の修理は寛文六年以降のことでなければならないから、当面、慶長十七年以降の修理のことではありえない。とするとこの移納の時期であるが、宝庫の修理が行われることになった慶長八年に宝物の移納が行われたのではあるまいか。もしそのように考えてよければ、その時に作られた目録ということになる。

元禄六年の点検

㉝元禄六年に「東大寺正倉院開封記」が作られている。このたびの宝庫の開扉は前回と違っていつものように宝庫の修理に基づいている。宝庫破損の理由は不明であるが、前回の開扉から三〇年しか経過しておらず、前回の開扉申請に対する幕府老中の言葉を思い起こす。すなわち元禄六年の開封は時の東大寺別当が京都の所司代に宝庫の開扉を申請したのに始まる。ついで東大寺は江戸幕府から開封の許可を得るや、元禄六年五月十六日から八月七日までの八〇日間にわたって宝庫の修理を行

っている。

ところでこのたびの開封にあたって注目されるのは、この開封期間中に宝物の調査と修理を行っていることである。これらの点については、章を改めて述べることにするが、宝物の調査に限って触れておくと、この年の調査は慶長十七年度と寛文六年度の調査記録(宝物目録)を踏まえて行われており、しかも注目されるのは、この時の調査の内容が、単に宝物があるかないかの所在確認調査だけでなく、宝物の法量(長さ、重量)が目録に記載されるようになっている点が注目される。

しかしこれらの点については、宝物に対する人々の関心の新たな展開をもたらすものと考えられるので、次章であらためて述べることにする。

㉞天保四年に宝庫の屋根の葺《ふ》き替えが行われることになり、同年十月十八日に宝庫が開かれ、宝物は四聖坊へ移されて宝物の点検が二十四日までの七日間にわたって行われた。その後、宝物は手向山八幡宮《たむけやまはちまんぐう》に移され、さらに詳しい宝物の調査が行われている。このときの宝物の調査と研究についても、次代における調査・研究に連なる重要な意味をもっていると思われるから、㉝の元禄六年度の場合とおなじく、あらためて取り上げたいと思う。

宝物の拝観と修理

古代・中世の宝物拝観

宝物の拝観

正倉院の宝物のうち、北倉に納められている宝物の多くは聖武天皇や光明皇后の遺愛の品である。このことから北倉に収納の宝物は朝廷の許可無しに持ち出すことは認められていなかったのである。しかし許可さえ得られたならば、朝使と三綱の立ち合いのもとに持ち出すことができた。たとえば恵美押勝《えみのおしかつ》の乱で大量の武器が持ち出されたのは異例であるが、勅旨をもって、あるいは勅許を得て、薬物が施薬院《せやくいん》などの医療施設や官人・僧侶などの病の治療のために充てられたり、屛風や楽器の類が宮中における漢詩の宴などに用いられたり、書巻が習字のために取り出されたりしたこともしばしば見られる。そのため宝物の曝涼《ばくりょう》・点検が行われているのであるが、宝物を曝涼することは宝物の保存のために必要であるが、同時に宝物の点検を通じて、宝物の現状を確認することが主たる目的であったと思われる。たとえば宝物中、とくに頻繁に持ち出された薬物については、現状でどれだけあるか、前回の点検時からどれだけ使用しているかなどが念入りに調査されていたのである。

平安時代の中ごろ以降、正倉院宝物の利用が著しく減少し、かつてのように宝庫から宝物が取り出されなくなった。その理由を、わが国の文化のあり方の変化、つまり国風文化の台頭との関連で考えるべきことを先に指摘した。またその点については、すでに別稿で論じたことがあるのでここでは省略するが、もともと正倉院宝物は唐風文化そのものであったから、国風文化の台頭のなかで正倉院宝物に対する関心が薄らいだことは否定できない。

国風文化の台頭のなかで、正倉院宝物の出納が行われなくなると、定期的な宝物の現存状況の確認や数量の点検を必要としなくなり、宝物は、宝庫の修理などで宝庫が開扉《かいひ》されたときに点検すれば十分であると考えられるようになったものと思われる。

それでは正倉院宝物について、人々が無関心になったと考えるべきであろうか。そうではなく、宝物が勅封をもって保存されていること、したがって勅封の宝庫を開扉することは誰でもができることではないと周知されていること、それだけに、その中身についての関心は深まっていたと思われる。

ところが勅封の宝庫であることを承知のうえで、宝庫の開封を行った例が平安時代以降室町・戦国時代に至る間に一〇例ばかりある。これらの事例は、普段、誰でもが開けることのできない宝庫を開けるという行為によって、自己の権力を誇示する目的もあったものと思われるのである。そのような人々を大きく分けると、第一に上皇ら皇室の人たち、第二に摂政・関白やその経験者である貴族たち、そして第三に室町幕府の将軍をはじめとする武家に分けられる。

藤原道長の宝物拝観

ここではまず第二の例から検討してみよう。

正倉院宝庫の開扉の歴史のうえで大きな画期となったのは、寛仁三年（一〇一九）九月三十日に前摂政藤原道長《ふじわらのみちなが》が正倉院宝庫を開かせて宝物を観覧したことであろう。これまで少なくとも記録のうえで、貴族・官人が宝庫を開かせ、宝物を取り出したことはなかった。ところが道長は従来の慣習を破って宝物を実見したのである。

道長はこの年九月二十七日に京都を発ち、南都に下向している。時の摂政藤原頼通《よりみち》をはじめ左大将藤原教通《のりみち》、権中納言藤原能信《よしのぶ》ら一族郎党がこれに従っており、宇治に宿したあと、南都に入り、二十九日に東大寺で受戒、ついで山階寺、春日社に参詣。翌三十日に道長は勅封倉を開いて宝物を拝見したのである。しかし道長が宝庫を開扉するにあたり、しかるべき手順を踏んでいることに注意しておこう。

すなわち道長は勅封倉を開扉する匙《かぎ》（鑰匙《やくし》＝鍵）が京都にあることから、受戒の前日にその匙を取り寄せるべく使部を京都に派遣している。道長が京都出立のときにはまだ勅封倉開扉のことは考えつかなかったらしく、宇治から南都に出立の日に急遽、匙を取り寄せることになったのである。道長のこの要請に応え、大監物《だいけんもつ》平惟忠が匙をもって南都に下向している（『小右記』『百錬抄』など）。時に道長は前摂政であるから、大監物平惟忠に対し直接指示したのは、道長に同行していた摂政頼通であった（『左経記』）。

開封当日の天候は風雨が激しく、通常であればとうてい開扉できるような状況にはなかったと思われるが、東大寺別当をはじめ関係の所司、また源　経頼《みなもとのつねより》や大監物平惟忠らが庫内に入って宝物を点検している。そのときの道長らの動静は具体性を欠くが、道長は宝庫内で宝物を観たことになっている。では彼は何をどのように観たのであろうか。『左経記』の記者源経頼も庫内に入って実見したとあるが、何を観たのか記していない。しかし同記に「令出宝物御覧」とあるところからすると、道長らの一行は倉から一部の宝物を取り出させて「御覧」になったのであろう。今これ以上のことを確認できないから、道長らがどのような宝物に関心を抱いていたのかわからない。道長の宝物御覧の後、大監物平惟忠が封を加え、この件は落着している。

宝庫の修理でも点検でもなしに宝庫を開き、単独で宝物を観る例が道長によって開かれた。道長が宝庫内の収納物について、いかほどの知識を持っていたのか、また道長による宝庫の開扉の目的が、単なるのぞき趣味か、なんらかの目的をともなったものかよくわからない。ただ道長が、宝庫には奈良時代の宮廷にあった珍宝類が納められていたこと、そしてこの倉はだれでもが開扉できるものではないことを承知しており、だから京都に使いを遣わして匙の管理者に命じて開扉させているのである。その意味では、正倉院宝庫がすでにある種の神秘性をもって当時の人々に認識されていたことを窺わせる。しかしこれが先例となって宝庫の開扉はその後、時々行われている。

太上天皇の宝物拝観

前後したが、次に第一の上皇ら皇室の人々による開扉の場合を見てみよう。

初例は平安時代末の、道長の開扉からほぼ一二〇年余り後の康治《こうじ》元年（一一四二）五月六日に鳥羽上皇《とばじょうこう》によって宝庫が開けられたものである。もっとも鳥羽上皇の受戒には大相国《だいしょうこく》藤原忠実《ふじわらのただざね》が同道し、彼も受戒した後で宝庫の宝物を拝見しているから、ここでは第一類と第二類の人たちが同時に存在していることになる。それはともかく鳥羽上皇の受戒の後に宝庫が開けられたが、その発案者が誰か不明である。ただ宝庫を開く議が起こり、京都から蔵人《くろうど》左少弁源師能と大監物藤原時貞が鎰《かぎ》を持って南都に下向しているが、この時、鎰が錆ついていたらしく「数刻不開得」とのことであった。しかしなんとか鎰を開けて上皇らがご覧になったのは、聖武天皇の玉冠、鞍、御被《ごひ》、枕、碁局《ききょく》、甘竹簫《かんちくしょう》、八竿、王右軍《おうゆうぐん》皃〔鳥〕毛屛風であったという。

　聖武天皇の使われた御被や枕が具体的に何を指すか、また碁局とはどれかわからないが、あるいは「国家珍宝帳」に記載されている白練綾大枕、木画紫檀碁局《もくがしたんのききょく》（いわゆる螺鈿紫檀碁局）であり、甘竹簫はつい数十年前まで破損していたため本来の形がわからなかったが、楽器の調査の中で元の姿がわかり、復元に成功したというものに当たるものであろう。しかしその当時には原型を保っていたのであろう。

　聖武天皇の玉冠は大仏開眼会の時に天皇が着用されたもので、この後、皇位継承にあたってはしばしば出蔵されており、上皇がご覧になられたのがその後の出蔵のきっかけとなったのであろう。その意味でこのときの宝物御覧には注目しておきたい。

さらに上皇の観られた王右軍皃〔鳥〕毛屏風とは、「件屏風有良田讃」と記しているから、王羲之の書いたという鳥毛《とりげ》篆書《てんしょ》屏風《びょうぶ》のことである。

これらの品々が上皇の御前に運ばれたが、このとき良田讃の屏風を弁官の高階《たかしな》通憲《みちのり》をして読ませられたと伝えられている。またもう一つ銅製の壺で、頭長、尻平な宝物が上皇の前に据えられた。一見して花瓶ではなさそうな壺に疑問を抱かれた上皇は通憲に何かと訊ねたところ、通憲は「是投壺《とうこ》也」と答え、その遊び方と、壺の中に小豆が入っているのではないかと奏している。その説明に不審の人たちもいたらしいが、通憲のいうとおり小豆ではなかったが小石が三個入っていたのである。屏風といい、投壺といい、通憲の学識に感嘆しない人はいなかったといわれている。

なお鳥羽上皇が南都に下向し、宝庫の開扉を行われた時の天皇は、前年に皇位に即かれたばかりの近衛《このえ》天皇《てんのう》で、わずかに四歳、したがって天皇の父である鳥羽上皇が治天《ちてん》の君《きみ》として政務を見ておられたから、治天の君として宝庫の開扉を命じたのであろう。

この後、平安時代末から鎌倉時代にかけて、何度か開扉されている。

嘉応二年（一一七〇）四月二十日に後白河上皇が東大寺で受戒の後、宝庫を開かれている。ついで弘長元年（一二六一）九月五日に後嵯峨上皇が、弘安十一年（一二八八）四月二十三日に後深草上皇が南都に下向して宝庫を開いている。

それぞれの宝庫開扉の際に、何をどれだけ取り出しているか具体的でないところもあるが、たとえば正倉院文書の弘長元年（一二六一）九月五日付「雑財物注文」には「開眼墨筆、瑠璃壺、水精玉七、金玉三、文机一脚、双六枰」と記されている（『大日本古文書』二五　付録一三七）。ただこれらの宝物が現存のどの宝物に当たるかを断定しがたいが、「開眼墨筆」は大仏開眼のときに用いられたもので、鎌倉時代の大仏開眼にあたっても、後白河上皇がこの墨や筆を用いられているから、後嵯峨上皇もこれらに執着するところがあったのであろう。上皇がご覧になった宝物のほとんどは直ちに宝庫に返却されたが、なかには当分の間、借り出されたままのものもあった。翌年八月二十一日に宝庫を開け、去年召し出した御袈裟を夢のお告げによって宝庫に返却したと伝えられている。この御袈裟は「国家珍宝帳」の冒頭に記されている御袈裟九領のうちの一つであろう。

後深草上皇もまた南都に行幸し宝庫を開かれたが、そのとき厨子《ずし》・冠・開眼筆・屏風を覧ておられる。冠はおそらく聖武天皇が大仏開眼会で着用されたもので、後嵯峨天皇の即位のときに持ち出されて破損したものではないかと思われる。また開眼筆は後嵯峨上皇も見られたもので、いずれも聖武天皇にゆかりの宝物である。

その後、「東大寺衆徒大衆詮議事書」（筒井寛秀氏所蔵文書）によると、後醍醐天皇が琵琶一面を取り出されたとか、後光厳天皇が宝庫開扉し琵琶の借用を求めたところ東大寺大衆によって拒否されたことなどを記している。この後、天皇・上皇が宝物御覧のために宝庫の開扉を行ったのは明治時代までない。

一方、藤原道長の開扉以降、平安時代には貴族らによる宝庫の開扉は行われていないが、鳥羽上皇の受戒に太政大臣藤原忠実が随伴し、上皇と同じく東大寺で受戒され、宝物ご覧の例もあるが、貴族のみで宝物を観られたのは鎌倉時代に入ってからである。

鎌倉時代の延応元年（一二三九）十一月二十五日に九条道家《くじょうみちいえ》が、正嘉二年（一二五八）正月二十一日に近衛兼経《このえかねつね》が東大寺で受戒し、ともにその翌日に先例に倣《なら》って宝庫の開扉を行っている。なお道家が観た宝物は全宝物の一〇〇分の一にも満たないらしいが、厨子や長櫃に納めて宝庫から取り出されている。このうち具体的な名称のわかるのは鴨毛屏風ぐらいである。また兼経の宝物拝見は中御門宿所で行われたらしく、同宿所に一七合の辛櫃を運んだと記録されている。ただ残念ながらこのときの中身はまったく不明である。

しかしこの他には貴族たちによる宝庫の開扉は行われていない。代わって登場するのが第三の武家による宝庫の開扉である。

武家による宝物拝観

武家による宝庫開扉の初例は足利義満《あしかがよしみつ》である。しかし義満の宝庫開扉に関し直接の史料は見当たらないが、その子義教《よしのり》が永享元年（一四二九）九月二十四日に東大寺で受戒し、宝物を拝見したことを記す『満済准后日記』によると、

霊宝内の碁石、黒二と赤一の三個を召され、沈《じん》を二切れ同じく召されている。これは至徳時もこのようであったから、その先例に倣ったものである、

とある。文中の至徳時とは元中《げんちゅう》二年（一三八五）八月三十日に足利義満が南都に下向し、東大寺尊勝院に入った時のことである。足利義教は父義満の先例に倣って碁石三個を取り出し、また沈を二切れ截《き》り取ったとあるから、義満・義教父子は同じことを行っていたのであろう。

ところで注目されるのは沈二切れである。沈とは沈香、つまり、いわゆる蘭奢待《らんじゃたい》のことで、数多い正倉院宝物中でもとくに著明な蘭奢待がようやく歴史の表舞台に登場したのである。鎌倉時代の初めに行われた宝物の点検記録によると、すでに蘭奢待は黄熟香《おうじゅくこう》として姿を見せているが、室町時代以降の香道の発展にともなって天下の名香とよばれる蘭奢待が足利氏によって截り取られたのである。

続いて義満の孫の義政も、寛正六年（一四六五）九月二十四日に蘭奢待を截っている。一寸四方のものを二個截り取り、一つは禁裏《きんり》に進め、それとは別に五分四方のもの一個を截って当寺の別当に贈ったと伝えられている。蘭奢待を截ったことに対する負い目が義政にあったのかも知れない。もっとも義政の父義教のときにも沈を二個截っているから、一つは朝廷に進上していた可能性もあり、その先例に倣っているのかも知れないが記録がない。

足利氏三代にわたる宝物の拝見は、これまでの上皇や摂関家の人たちによる宝物拝見とは異なり、蘭奢待という天下の名香を截るという行為に出たもので、宝物拝見から大きく踏み出している。

足利氏三代の截香《せつこう》を宝物の利用とみるか、破壊と見るかは観点の分かれるところかも知れないが、織田信長による截香も、足利将軍の先例に倣ったものである。具体的には「天正二年截香記」に詳しいが、天正二年（一五七四）三月二十八日、信長は先例に倣って蘭奢待を二個截り、一つを正親町天皇《おおぎまちてんのう》に進め、一つは自分用にしたようである。

ただこのとき、信長が蘭奢待を多聞山城に取り寄せて截り取っているが、この時、もう一つ正倉院に伝来の紅沈香も截りたいと信長が所望したのに対し、東大寺大衆らがその先例はないと拒否している。実際に先例が無かったとは言えないが、蘭奢待と紅沈香は正倉院においては両種の香といって重宝されていたから、信長もこの両種の香を所望したのであろうが、東大寺大衆の拒否にあい、信長はその要求を取り下げている。さすがの信長も東大寺大衆の拒否に無理押しをしていない。

信長はこの後、宝庫内を巡視し、蘭奢待を紅沈香と同じ倉に保管するようにと述べているが、その要求も東大寺には容れられていない。このように信長の要求であっても、当時の管理者である東大寺の意向が尊重されているのである。

信長が宝庫を開扉した例に倣い、豊臣秀吉や徳川家康の両名もまた宝庫を開扉し、蘭奢待を截ったという説があるが、この両名による蘭奢待の截断はなかったと考えられる。その詳細は別稿で紹介した（『正倉院宝物の歴史と保存』所収）ので繰り返さないが、信長以降、明治十年（一八七七）に明治天皇の南都行幸のときまで、蘭奢待の截断が行われたとする記録はない。

室町時代の初めごろから茶道や花道などが普及し始めるが、同じころに香道も人々の関心を集め始めている。

正倉院宝物の中に、銀薫炉《ぎんのくんろ》・銅薫炉《どうのくんろ》が各一つずつある。大きさは直径十八チセンほどのもので、中に火炉を収め、この火炉は転がっても火が落ちないように、つまりつねに火炉は水平に保つ工夫が凝らされている。いわゆるジャイロスコープの原理であるが、これに衣服等を被せて香を焚きしめていたものらしい。中国にもこれより小振りのものであるが腰にぶら下げて、やはり芳香を漂わせる役割を持った薫炉が作られていた。

今のところ日中両国で発見されている薫炉の大きさは違っているが、正倉院に伝わっている薫炉もおそらく中国から伝わったものであることは間違いない。ただその時期をいつとするかが問題であろうが、香に対する人々の関心がすでに奈良時代以前からあったことも間違いない。

『日本書紀』推古天皇紀三年（五九五）四月条によると、淡路島に漂着した木材を薪《まき》に混ぜて燃やしたところ、その烟気が遠くまで薫っていたとの記事がある。本記事は香木に関する最初の記述で、この記事に関係のあるのが法隆寺に伝来の説話の中にも認められる。それによると、淡路島で見つかった香木を聖徳太子が刻んで仏像をつくったと記されている。淡路島の香木についての事実はともかく、奈良時代以前から香に対する人々の関心は次第に広がっていったが、奈良時代から平安時代ころの香はもっぱら寺院で練香《ねりこう》の形で使用されていたようである。『後小松天皇宸記』応永四年（一三九七）記によると、かつて薫物（練香）を焚いていたが、室町時代になると、武士の間では沈（香木）を焚くようになったと記している。そのような流れのなかで、正倉院の黄熟香が世間の注目を集めるようになったのであろう。

ただ室町時代のはじめころ、正倉院の香木が黄熟香ではなく蘭奢待として有名になった理由、また誰がどのようにして有名にしたのかわからない。ただ蘭奢待の三文字の中に東大寺の文字が隠されているということは、鎌倉時代から室町時代の禅僧らの間で行われていた知的遊戯「なぞなぞ」への関心と相まって博《ひろ》く世間に流布されるようになったのではあるまいか。しかし現実に黄熟香を焚き、その香りを聞くなどということがほとんど不可能ななかで、香を愛好する人々の間では黄熟香とよぶよりも幻の名香として蘭奢待の名称の方が人々の記憶にとどめられたのではなかろうか。

いささか推論にすぎる観があるが、足利義満らが蘭奢待を截ったことは、このような当時の香道の流れのなかで位置づけることができるであろう。

近世・近代の宝物調査と利用

江戸時代以降の宝物観

室町時代以降、戦国時代にかけて、とくに有名になった蘭奢待であるが、先に述べたように江戸時代になると蘭奢待は截られてはいない。もっとも徳川家康が蘭奢待を截ったとする説と截らなかったとの説が江戸時代早々の記録にあるが、東大寺の正式な記録には家康らが蘭奢待を截ったとは記しておらず、その後も蘭奢待が截られたという記録は明治十年（一八七七）までない。

それどころか、豊臣秀吉の場合は明確ではないが、徳川家康の場合は、彼が関ヶ原の戦いで、実質的に天下人となるや、使者を遣わして正倉院の修理の有無を調査させ、その結果を踏まえて直ちに宝庫の修理を行わせている。従来の武将のように、宝物を截断したのではなく、それどころか宝庫・宝物の保存に意を用いていたのである。後に述べるがこのような家康の正倉院に寄せる配慮は、その後も歴代の当主に引き継がれて、宝庫の保存・管理に努めている。そのようなこともあって、その後、宝物の管理が厳重になり、蘭奢待については、江戸幕府の開府以来、二五〇年ぐらいにわたって人々の関心を仰ぎながら、容易にはそれを截るということができなくなったようである。

元禄六年（一六九三）に宝庫の開扉と修理が行われたが、このとき将軍徳川綱吉は両種の香の櫃を東大寺に寄進している。いまも宝庫に残る辛櫃《からびつ》の書き付けによると、

三倉の御修理は征夷大将軍右大臣源綱吉公が仰せ付けられた、（その修理完了を祝い）両種の御香の内外の櫃やその外の小さい宝物用の小箱らを新調して寄付されたとあり、両種の御香の保存のために、徳川綱吉によって二重の香の櫃が寄進されている。元禄六年度の薬師院祐想著「正倉院御開封記草書」（『続々群書類従』）によると、開封の二日目に黄熟香を、三日目に紅沈香を倉から取り出して点検しているが、「御宝物御点検事」と並んで「二種御香御点検事」の別項を設け、具体的に点検の次第を記している。それによると、まず黄熟香が宝庫から東大寺境内の会所坊に運ばれ、勅使・寺務・検使らの見守る中で櫃を開け、御香を取り出し、白布を敷いた白木の案の上に置いて勅使らの点検

を受け、事が終了すると次の間に移し置いている。このとき「諸人群をなしてこれを拝す」と記されている。諸人が誰を指すか不明であるが、黄熟香の人気のほどが偲《しの》ばれる。翌日には紅沈香の点検が引き続き行われている。

さらに香道関係者の間で幻の香となった蘭奢待は江戸時代においても人々の関心を呼んでいるが、その点については改めて後に述べる。

江戸時代以降の人々の宝物に対する関心は、蘭奢待だけではない。とくに注目されるのは、寛文六年（一六六六）、元禄六年（一六九三）、それに天保四年（一八三三）と江戸時代に三度び宝庫が開封されているが、就中《なかんずく》、元禄六年の宝庫の修理にともなって、宝物に対し新しい視点が加わっていることとである。

元禄時代の宝物調査

江戸時代の中期、とくに元禄年間ころから、わが国の学問全般からみると、従来の観念論から実証論へと移行していくが、正倉院宝物についてもそのような学問の一般的な傾向が当てはまるようになっている。

ここでは二つの点から問題点を指摘しておこう。

元禄度における宝物調査の特徴の一つは、従来と同じく宝物の所在確認調査が行われているが、それにとどまらず宝物の法量（長さ、重量）についての記録が取られていることである。『続々群書類従』に収録されている元禄度の調査目録によると、関根真隆氏が指摘するように、元禄度の目録は二七年前の寛文度の調査を基にしているが、調査内容は元禄度のものがはるかに詳細で考証的である。たとえば関根氏は鏡について、寛文度の目録には「御鏡大小二十七面」とあるが、元禄度の目録には「御鏡二十七面内壱面裏ニ菱ノ花模様アリ、但指渡一尺三寸、同家ニ入、内八角一面径一尺七分、重目大六斤壱分」とあり、さらに「紙札ニ書付盤龍背緋絁帯漆皮箱緋絞〔綾〕襯盛」と記しており、この紙札の盤龍背云々は、今に伝わっている北倉の鏡第十六号に付されている奈良時代の題箋の文や「国家珍宝帳」の注記とも同文であるといわれる。氏の指摘のように、宝物の寸法や銘文の記載が前代に比べて丁《てい》寧《ねい》に行われていることは、このころから盛んになってくる考証学的な傾向に一致するものであろう。

その点で想起されるのは、寛文度の宝庫の開扉に際し、宝庫の点検は一〇年や一五年ぐらいで行われるべきであるとの江戸幕府・老中の意見が内々ながら東大寺に伝えられていたことである。これは単に宝庫の管理の問題としてのみではなく、宝物の管理の問題としても受け止められるべきものと思われる。寛文度にはまだ個別に宝物の寸法や銘文などが調査されるまでには至っていなかったが、それからわずか二七年経った元禄六年に宝物の寸法や重量、あるいは宝物の特徴を記録するように変化しているのである。

かかる変化を示すもう一つの特徴が宝物図の作成である。

宝物図の作成

江戸時代に描かれた正倉院宝庫の開封関係の図および宝物の図が伝わっている。現在、正倉院事務所所蔵の「東大寺正倉院御開封記浄俊記」によると、本記録は享保十一年（一七二六）七月に南都奉行所のお尋ねがあったので、地蔵院浄俊が倉の鍵の図をはじめ、開封時の仮屋や柵の図、会所坊の図などとともに宝物の図を写して奉行所に差し出したものであるという。もっとも正倉院の同本は事務参考用としてごく近年に写したものであるが、もともと本書は、元禄六年の開封の時に、時の別当宮勧修寺済深親王の命によって「蔵中多種之内、珍財之分」を絵師に命じて描かせたものである。

その絵の冒頭に、蘭奢待と紅沈香を掲げ、以下、轡《くつわ》・鞍・弓矢・鉾《ほこ》をはじめ多くの宝物が描かれている。今でも正倉院宝物の中では屈指の宝物といわれるものが多く描かれており、当時の人々の関心の所在が窺える。この宝物図以外にも多くの宝物図が伝わっているので、宝物図については機会を得て改めて紹介するつもりであるから、いま深く立ち入ることは留保したいが、いずれにしろ元禄六年に正倉院宝物を具体的に描いたものが存在していること、それが時の別当済深親王の命によって作成されたことに注目しておきたい。

これより後、正倉院宝物図が多くの文人たちによって伝写され、また天保四年の開封時にはさらに別の宝物の絵も描かれるようになった。正倉院宝物が一部の権力者にのみ拝観が許されていたものが、絵図の上ではあれ、その姿形が具象化され、具体的なイメージが当時の有識者という限られた範囲であっても、以前にもまして多くの人々の間に伝わったことは宝物の歴史のうえでは画期的なことであった。

宝物修理と保存

江戸時代の宝物の歴史のうえで、もう一つ画期的なことが元禄年間の宝物の修理である。

元禄六年の「正倉院御開封記草書」によると、五月十六日に開封の儀が行われ、同月二十七日に鴨毛屏風の修復が寺務宮より将軍家に依頼され、将軍の許可を得て、京都の大経師内匠を京都から召し下し、金珠院において修復の作業が行われたという。この間、毎日寺僧が交替で金珠院に詰め、公儀からも与力が一人見回りに充てられている。このとき修理されたのが観音の屏風・絵屏風などあるが、二七枚が修復されたと伝えられている。

鎌倉時代にすでに鴨毛屏風二帖とよばれるものがあって、いわゆる鳥毛篆書屏風がそれに当たるが、そのほか鳥毛《とりげ》帖成文書屏風《じょうせいもんじょのびょうぶ》もまた鴨毛屏風であったと思われる。また観音の屏風という名称の屏風が修理されているが、このような名称の屏風は宝庫にはない。しかし観音屏風とは観音様を描いた屏風ということらしく、樹下美人屏風ともよばれ、鳥毛《とりげ》立女屏風《りつじょのびょうぶ》ともよばれているもののことらしい。とすると鳥毛立女屏風も元禄六年の開封時に修理されていたことになる。

また絵屏風も修理されているが、絵屏風がどれを指しているのか明確でない。しかしこのとき鳥毛立女屏風をはじめ鳥毛篆書屏風、また鳥毛帖成文書屏風などの修理が行われており、当時、これらの屏風が鴨毛屏風とよばれていることに表されているように、鴨の毛をもって修理されている点である。近年の調査によると、鳥毛立女屏風などの鳥の毛はヤマドリ、日本産のキジであると断定できるが、元禄時代の修理では鎌倉時代以来の名称を疑うことなく鴨毛を使用しているのである。

このような修理方法は、この次の開封時である天保四年のときにも踏襲され、鴨毛の屏風として修理されている。

宝物の修理はいうまでもなく宝物の再生である。かつて宝物が作られたときと同じように、あるいはそれに近い状態に復原することが目的である。しかし必ずしもすべてのものが原状に復原できるとは限らない。そのようなとき、できるだけもとの状態に近いものの、

図19　鳥毛立女屏風（北倉44－2）第三扇（右）・第四扇（左）

またはかつては斯《か》くあったと思えるような形に再現することが求められる。

天保四年の点検

天保四年の開封時に、東大寺別当勧修寺宮済範親王は手向山八幡宮の宮司上司延寅《かみつかさのぶとら》に命じて宝物中の裂地の保存整理を行わせている。宝物の保存の命を受けた延寅は正倉院宝物の中から文様、織り方など、とくに代表的と思われるものを選んでその一部を切断して屏風に貼付し、正倉院裂《しょうそういんぎれ》として保存を図ったのである。屏風本体は奈良時代以来のもので、その屏風に貼付された裂地は、のちに東大寺屏風裂とよばれているものである。現在、これらの東大寺屏風裂は保存上の問題があって屏風から取り外して軸装にして保管している。それらを見ると、たしかにこのようにして保存を図ろうとした裂地は正倉院の裂地の中でも優品といわれるもので、まさにこの東大寺屏風裂の作成は織りや文様など奈良時代の典型的な裂を保存することであったのだということがよくわかる。

正倉院文書の整理

同様のことが、天保四年から始まった穂井田忠友《ほいだただとも》による正倉院文書の整理にも窺える。忠友は正倉院文書の中から、奈良時代の官制に関する文書を整理して、神祇官《じんぎかん》・太政官《だじょうかん》の二官をはじめ八省はもとより、これらの八省に管轄されている各種寮司に関する文書を整理、配列し、さらに当時の印章や著名人の書などを選び、形式的にも内容的にも奈良時代の代表的文書を四五巻に成巻したのである。

近年では、膨大な文書や裂地であっても、そこから一部を取り出して保存するということはほとんどなく、断簡零墨であってもできるだけそのまま大切に保存し、そのことによってできるだけ確実で詳細な情報を入手しようとするが、当時は一人の見識によって、できるだけ奈良時代のものは斯くあったといわれるように復元し、人々に情報を伝達しようとするものであった。

江戸時代末の宝物の修理や整理の仕方の中には、滅びゆく歴史を各人の歴史認識に基づいて再現し、保存しようとするもので、それなりに見識のいる作業であった。

明治時代初期の宝物

明治五年（一八七二）に天保四年（一八三三）以来、四〇年ぶりに宝庫の開扉が行われた。この宝庫開扉には二つの意味があった。一つは明治維新後に神仏分離策が公《おおやけ》にされて以降、廃仏毀釈《はいぶつきしゃく》の嵐が吹き始め、南都の諸大寺でも宝物の散逸などが問題となり、明治四年に政府は古器旧物の保存を令して古文化財の保存対策を講じているが、その一環として宝庫の扉が開けられている。古器旧物の保存令は、今日の文化財行政のはしりとして位置づけられるものである。ところでこの背後にはもう一つ欧州における万国博覧会の開催に向けて、わが国の代表的産業および文化財を出品するための調査でもあったのである。その調査は町田久成《まちだひさなり》や蜷川式胤《にながわのりたね》、また蜷川らは当時の数少ない写真家横山松三郎を引率しているが、ごく少人数の調査団であった。ところでこの調査に参画した蜷川式胤は、彼の日記である『ならの筋道』の中で「この調査はウイーン万博への出品物を選択するためであった」と記している。しかしこの調査によって正倉院宝物が万博に出品されることはなかったが、宝物の調査がかなりの規模で行われたこと、その調査にあたり、写真撮影が行われ、併せて拓本が取られ、宝物が具体的な姿を現したことは大きな意味を持っていたのである。

前に述べたように、江戸時代に宝物が模写されたことがある。そのこと自体は宝物を具体化させるうえで大きな役割を持ったが、しかしこのたびの写真や拓本をみると、江戸時代の宝物の図がいかにデフォルメされているかがわかる。それだけに蜷川らの調査の意義は大きく、それはまた今後の調査研究に貢献するところが少なくない。ただ正直に言えば、またこの調査の中で、宝物の破損している状況を確認できたが、まだそれらの全貌は解明されていない。近年、正倉院事務所では、それらの資料と原宝物との関係の調査に着手しており、近くその成果が公表されるであろう。

正倉院宝物は万博に出陳こそされなかったが、正倉院宝物がわが国の殖産興業の展開や文化の普及に貢献していることを見逃すことはできない。

たとえば明治時代のごく初期に設立された奈良博覧会社は、明治八年（一八七五）に東大寺大仏殿と回廊において、法隆寺の宝物をはじめ、南都の寺社から提供された多くの宝物を出陳しているが、この出陳品のなかに正倉院宝物も少なからず含まれていた。

ところでこの展覧会に一四万人あまりの人々が押し寄せたと伝えられているが、展覧会の企画自体はもとより、それだけ大勢の人々が押し寄せたことは画期的な意味を持っていたといえよう。

この展覧会はその後もしばらく継続して行われているが、正倉院宝物についていえば、明治九年（一八七六）の後、明治十一年、同十三年に出陳している。この展覧会がきっかけとなって奈良の工芸界から優れた人材が輩出していることも、本展覧会の役割として見逃せない。

ついで明治九年末に内務卿大久保利通はアメリカから帰国するや、正倉院裂を手鑑《てかがみ》として内務省博物館をはじめ各府県の博物館に配布するようにと太政官に上申し、裁可されている。もとよりかかる企画が大久保の発案ではなく、内務省博物局長町田久成の発想によることは明らかであるが、町田の企画に賛同して大久保は内務卿として本企画の実現に尽力したのであろう。町田らは、正倉院の染織品をそのまま保存しているだけではいずれ朽ち果ててしまうから、それを手鑑として内務省博物館（後の東京帝室博物館、現在の東京国立博物館）をはじめ全国各地にある各府県の博物館に保存させようとしたのである。このような企画の背後には殖産興業を盛んにするとの狙いがあったが、アメリカから帰ってきたばかりの大久保利通は自身の見聞に基づいても殖産興業の必要性を痛感していたから、当時、海外への輸出品の代表である絹織物を正倉院宝物を範として織らしめようとしたのである。

大久保の企てが、その後、どのように有効に活用されたのか不明確であるが、今も東京・京都の両国立博物館をはじめ若干の施設に当時の手鑑として頒布されたものが残されている。先の東大寺屏風裂と同様に、いずれも正倉院を代表する染織品である。

明治時代の宝物修理

明治十年（一八七七）に明治天皇が南都に行幸し、正倉院宝物をご覧になられた。このとき町田久成は、宝物の中に破損の著しいものが少なくないのに留意し、それらの宝物の修理の必要性を時の内務卿を通じて太政官に上申している。この上申は直ちに裁可され、東京と奈良において宝物の修理を行うことにしたが、実際には主たる宝物は東京に運ばれて修理されたようである。とくに町田が修理の必要を痛感したのは、楽器の類であったように思われる。彼は当時、正倉院にしか伝わっていないと思われていた楽器、たとえば新羅琴のような楽器の復原を行って、古代の楽器の音色を再現しようとしたのである。町田の願いはまもなく叶《かな》い、ほぼ一年後の明治十一年二月十六日に修理済みの楽器が明治天皇の御前において演奏されている。

このようにして宝物の修理が始まるが、正倉院宝物の修理が本格化するのは明治二十五年（一八九二）に宮内省に御物整理掛《ごもつせいりがかり》が設置されてからである。本掛については別途に考察する必要があるので、ここでは簡略に指摘しておくが、当掛は宝物の整理と修理が主目的であった。かつて明治十四年（一八八一）に当時内務省の所管下にあった正倉院宝物の整理を黒川真頼《くろかわまより》が命じられている。正倉院宝物は平安時代以降、しばしば宝庫の修理のために東大寺の油倉などに移されていたが、この移納の時、奈良時代に北倉・中倉・南倉に分納されていたものが、北倉から南倉に移動し、また逆のケースもあって、宝物の収納方法が混乱していた。それを正すことが真頼の任務であった。彼はさまざまな考証を行って北倉・中倉・南倉の三倉に宝物を分類整理したが、何しろ膨大な宝物群であるから、簡単には整理できず、それでも彼は宝物の諸特徴を把握して各倉別に分類し、それらは『正倉院御物陳列図』上・下の二冊本にまとめて整理された。同書によって、正倉院宝物の整理がかなりの程度行われた。しかし限られた時間の中での真頼個人の作業には限界もあったといわざるをえない。御物整理掛がその事業を引き継いだのである。

御物整理掛の仕事はこれに尽きるのではなく、宝物の登録・英文による宝物名や材質・技法についても入念なチェックを行っている。同時に宝物の修理も御物整理掛のメンバーによって行われた。

しかし明治三十七年（一九〇四）に日露戦争が始まると、国事多難により御物整理掛は廃止された。設立より僅《わず》か一二年余りと短期間であったが、多くの技芸家が動員され、彼らの技術によって木工・金工・漆工・織工などの伝統的な技術に基づいて宝物の修理が行われた。これらの宝物修理に参画した人々の中に、後に帝室技芸員になった人々が少なくないことに窺えるように、当時の代表的な工芸家によって宝物の修理が行われたのである。

修理品の中には、明治時代の初期に行われた楽器の修理がまだ不十分であったために改めて修理されたもの、鎌倉時代に盗難に遭い破損していた鏡を修理したもの、バラバラになっていた木工品をもとの形に復原したものなど、実にさまざまな宝物があった。少し大げさに言えば破損していた宝物のかなりのものがこの御物整理掛によって修理され、お陰でいまわれわれは奈良時代の宝物の姿を彷彿《ほうふつ》とすることができるのである。

御物整理掛による宝物の修理は、現状で知りうる限りの修理を行うことであるが、あくまでも修理であって、部品の残っていない部分を復原しないことを原則とした。たとえば古色を着けるということはしないという。実際には無い部分を復原し、古色をつけたものも一部にはあるが、多くのものができるだけ現状のままで保存しつつ古代の雰囲気を伝えるという方向で修理されている。先にも述べたように、江戸時代の宝物修理は現状の一部を大幅に変更しても、古代の雰囲気を伝えることができるならそれでよいという方向で修理されていた。東大寺屛風裂や大久保利通による正倉院裂の手鑑、あるいは穂井田忠友による正倉院文書四五巻の編集などは奈良時代の宝物をそのまま伝えることはできないから、奈良時代の宝物の代表的なものを残すという方針であった。しかし右に述べたように、明治二十五年（一八九二）以降の宝物修理はできるだけ現在の状態のままで修理する、いわば現状を保存することを目的とした修理方法を採用していた。

そのようにいっても、すべての場合がこの理想通りにはいかなかった。時には行き過ぎといわざるをえないものも一部にある。しかし御物整理掛の設置以降、宝物の修理はおおむねこの方針によって行われ、御物整理掛が明治三十七年に廃止された後も、できるだけ現状を尊重しながら修理するとの方針を引き継ぎながら宝物の修理が行われ、とくに染織品の修理や漆工品の修理などにも著しい功績を残している。

宝物の復原

宝物の修理と平行して宝物の模造・復原の作業が明治初期から行われている。宝物の模造・復原は、明治時代の初めから、宝物自体は現地主義に基づいて現地に保存管理するべきであるが、同じ品物があるときはその一つを展示し、また模造品を作って一般の衆人の放観に供する必要性があることが政府によって指摘されており、そのような方針に基づいて奈良博覧会社による宝物の展示の際、正倉院宝物の模造作成が行われたのである。その背後に、富国強兵と並ぶわが国の国是である殖産興業のためということもあった。

その後も、模造品の復原は展示のため、また技術の伝承のために作成され続けてきた。このような模造品の作成は、一つにはできるだけ多くの人に、とくに学生・生徒に宝物を見せることで日本文化の理解に役立たせようとするものであった。しかし同時に、模造といいながら、よく見ると、形態はよく写しているが、必ずしも宝物の材質・技法や大きさが原宝物と同じでないものも若干見ることができる。たとえば原宝物の二倍の大きさの物をつくったり、本来、大理石であるのに模造品の材質が木製であったりと原宝物と模造品は必ずしも同じではなかったのである。どちらかといえば、この時代の模造品には、模造品の作成ではあるが、作家の思想や個性が表面に出るものであった。しかし教育的な配慮が加わり、また展示を目的にするようになると、できるだけ原宝物に近づけようとし、材料などを吟味《ぎんみ》し、技法もできるだけ古代のものを復原しようとするようになる。

そのような復原がさらに徹底して行われるようになるのは昭和四十七年（一九七二）以降に始まった宮内庁《くないちょう》正倉院事務所での復原事業である。この事業にあたって、正倉院事務所ではX線回折装置をはじめ紫外線や赤外線装置を設置して宝物の材質を調査するとともに、たとえば漆工品の調査にあたっては漆が何度塗り重ねられているかなどについても丹念に調査し、一方、宝物に関する過去の文献にどのような記述があるかを調査し、それらを総合しつつ事務所の研究員と復原にあたる技術者との間で情報交換を行いながら復原作業を進めている。このような復原の目的は、前に述べたように、宝物に代わって復元品を展示するということであった。

宝物の展示

復元品がいかに良くできていても本物に勝《まさ》るものはないから、本物を見ることができるならばそれ以上のことはない。すでに明治八年（一八七六）、九年、十一年、十三年に奈良博覧会社主催によって正倉院の宝物が一般の人々の観覧に供された。しかしこのような展示には陳列ケースの不備などもあってまもなく廃止されることになった。一方、明治十年代の初め、伊藤博文は宝物の保存管理のために宝庫内に陳列棚を設け、宝庫内で宝物の観覧を行わせることにした。その結果、宝庫内に入ることのできる人は一部の階層の人に限られることになり、明治初年のように、一般の国民が何の資格を問われることもなく宝物を観覧できるようになったのは昭和十五年（一九四〇）に東京帝室博物館で紀元二千六百年記念行事として開催された正倉院宝物の特別展であった。開催期間は二〇日であったが四〇万人を超える人々が観覧したと伝えられている。

明治十三年の宝物展示から昭和十五年までの六〇年間、正倉院宝物が一般の人々の観覧に供されなかったのではない。たとえば大正十四年（一九二五）四月に奈良帝室博物館で古裂展が、また昭和三年（一九二八）四月に東京帝室博物館で御物上代染織展が開催されたとき、正倉院の古裂が出陳されており、さらに昭和七年には奈良帝室博物館で第二回古裂展が開催されている。

このように工芸品ではなく古裂類に限られるが、昭和十五年の展覧会までに三度も正倉院宝物の展覧会が催され、正倉院古裂の織り方や染め方、あるいは文様などが具体的な姿で人々の間に広く伝播していたようである。そして昭和十五年の展覧会では、多くの文書や工芸品など、それまで見たこともないすばらしい宝物が陳列され、人々を驚かせた。

その記憶が人々の間から消え去らないうちに、わが国は破天荒の戦争に突入し、昭和二十年に敗戦を迎えることになった。そしてこの敗戦に打ちひしがれた人々の気持ちを奮い立たせることを目的の一つとして、その翌年に正倉院宝物の展覧会が奈良帝室博物館で開催された。この時も一四万を超える人々が正倉院宝物を観覧している。それより後、正倉院事務所では多くのファンに支えられながら正倉院宝物を奈良国立博物館を中心に、時には東京国立博物館に出陳することもあって今日に及んでいる。

宝物研究の課題

千二百数十年前にはじめて宝物が東大寺大仏に献納されて以来、多くの人々の英知とたゆまざる努力とによって今日に伝えられた宝物は、われわれに多くの感動と興奮を与えてくれた。その感動と興奮をさらに次の世代に伝えることが、いまのわれわれに課せられた問題であろう。そのために、われわれはこれらの宝物をどのように保存するか、そのために何を調査するか、一つ一つの宝物について丹念な調査を行うことが必要であるが、単なる好奇心として調査するのではなく、どのように保存するかを解明するための調査が求められている。

もとより正倉院宝物を未来永劫《えいごう》に伝えていくことは不可能であろう。しかしできるだけ長く伝え、後世の人々がひとりでも多くこれらの宝物を目にし、理解してもらうように努めるのがわれわれの義務である。古代以来、宝物を守り伝えて来た人々も、ただ宝庫の番人にとどまらず、どのようにすれば宝物が次代に伝えられるかを考えていたものと思う。

今般、私は、「正倉院と日本文化」というタイトルのもとに、正倉院宝物の保存の歴史をたどって来た。古代以来の人々の宝物に寄せる心意気を理解することもまた、宝物を日本歴史の中に位置づけられると考えたからであるが、考えなければならない問題はまだまだ多く、正倉院宝物の研究はいまようやくその緒についたといってもよいのではあるまいか。

参考文献

本書の作成にあたって、多くの先学の著書・論文に依存していることは言うまでもないが、本書の性格上、参考とした研究を文中に一々掲出することは控えた。そこで末尾において、特に参考とした研究を掲げておいたので参照されたい。また先学諸氏に対しては、その非礼をお詫びすると共にお許し下さるようにお願いしたい。

◎正倉院の歴史に関する研究は少なくないが、全般にわたるものは、次の通りである。
和田軍一『正倉院』（創元選書、創元社、一九五五年）
和田軍一『正倉院夜話』（日経新書、日本経済新聞社、一九六七年）
後藤四郎『正倉院の歴史』（日本の美術、至文堂、一九七八年）
東野治之『正倉院』（岩波新書、岩波書店、一九八八年）
関根真隆『正倉院への道』（吉川弘文館、一九九一年）
関根真隆『天平美術への招待』（吉川弘文館、一九八九年）
和田軍一『正倉院案内』（吉川弘文館、『正倉院夜話』を改訂、一九九六年）
橋本義彦『正倉院の歴史』（吉川弘文館、一九九七年）

右のうち現在でも入手できるものに限って、本書の冒頭においても紹介しておいた。

◎正倉院宝物の図録については、

正倉院事務所編『正倉院宝物』全三冊（朝日新聞社、再版、一九八七～八九年）
正倉院事務所編『正倉院宝物』染織二冊（朝日新聞社、一九六三、一九六四年）
正倉院事務所編『正倉院の宝物』（朝日新聞社、一九六五年）
正倉院事務所編『正倉院宝物』全十冊（毎日新聞社、一九九四～一九九七年）
松本包夫『正倉院の染織』（日本の美術、至文堂、一九七四年）
松島順正『正倉院の書跡』（日本の美術、至文堂、一九七五年）
阿部　弘『正倉院の楽器』（日本の美術、至文堂、一九七六年）
木村法光『正倉院の木工芸』（日本の美術、至文堂、一九八二年）
関根真隆『正倉院』（カラーブックス、保育社、一九九二年）
この他、ほぼ毎年行われている「正倉院展」の目録

◎正倉院宝物および歴史についての研究は、

朝比奈泰彦編『正倉院薬物』（植物文献刊行会、一九五五年）
東野治之『正倉院文書と木簡の研究』（塙書房、一九七七年）
正倉院事務所編『正倉院の書蹟』（日本経済新聞社、一九六四年）
正倉院事務所編『正倉院のガラス』（日本経済新聞社、一九六五年）
正倉院事務所編『正倉院の楽器』（日本経済新聞社、一九六七年）

正倉院事務所編『正倉院の刀剣』（日本経済新聞社、一九七四年）
正倉院事務所編『正倉院の漆工』（平凡社、一九七五年）
正倉院事務所編『正倉院の金工』（日本経済新聞社、一九七六年）

松島順正『正倉院よもやま話』（学生社、一九八九年）
栗原治夫「正倉院蔵礼服礼冠と国家珍宝帳」（『書陵部紀要』二一号）
関根真隆「献物帳の諸問題」（『正倉院年報』創刊号、のち、『正倉院への道』に収録）
後藤四郎「正倉院雑考」（井上薫先生退官記念会編『日本古代の国家と宗教』上）
柳雄太郎「献物帳についての基礎的考察――東大寺以下十八ヶ寺への献納経過――」（『ミュージアム』三三九号）
柳雄太郎「東大寺献物帳と検珍財帳」（『南都仏教』三一号）
柳雄太郎「正倉院北倉の出納関係文書について」（『書陵部紀要』二七号）
柳雄太郎「献物帳と紫微中台」（『書陵部紀要』三二号）
近藤毅大「紫微中台と光明皇太后の『勅』」（『ヒストリア』一五五号）

あとがき

正倉院および正倉院宝物の歴史を論じる場合、出来るだけ多くの宝物を紹介し、それらが何処から来たか、またはどこへゆくかが関心となって、宝物の写真を多数紹介することが多い。そのこと自体は宝物の性格を知る上で大変に参考になる。しかし本書では、本シリーズの特殊性もあって写真はごく限られたものにした。

そのこともあって、本書では正倉院の歴史を写真ではなく、出来るだけ文書を中心にしながら、正倉院の歴史を通観する事が出来るようにした。実は私が正倉院事務所に赴任した当座、友人の一人から、正倉院宝物については多くの参考文献があるが、正倉院の歴史を通観できるものがほとんどないように思う、何を読むと良いか教えて欲しい、と言われたことがある。その時、思いつくままにいくつかの文献を紹介したが、それがきっかけとなって、私自身、爾来、折に触れて正倉院宝物の歴史はもとより、正倉院自体の歴史について注意を払ってきた。今般、『正倉院と日本文化』という大それた企画を依頼されたとき、まず念頭に浮かんだのは、正倉院の歴史を整理してみようとのことであった。もとより先にも述べたように、正倉院の歴史についての研究も少なくない。しかし必ずしもそれは通史的に捉えられている訳ではないし、根拠となる文献は必ずしも整理、紹介されているわけではない。したがってまず本書では、どのような文献があるのかについて紹介し、将来かかる問題を検討しようとする際の参考になるように素材を提供する事にした。

ただ本書で取り上げることの出来なかった問題の中に、正倉院の保存管理の歴史と現状および課題についてがある。この点については、別に『正倉院宝物の歴史と保存』（吉川弘文館刊）において論じたので、参照して戴ければ幸いである。

一九九八年八月

米田雄介

著者紹介

一九三六年、兵庫県生まれ
一九五九年、大阪大学文学部卒業
一九六四年、大阪大学大学院文学研究科博士課程単位取得退学
宮内庁書陵部編修課長、正倉院事務所長などを経て、
現在広島女子大学国際文化学部国際文化学科教授、文学博士

主要著書
郡司の研究　古代国家と地方豪族　歴代天皇の記録　吏部王記　類聚三代格総索引　新摂関家傳　正倉院宝物の歴史と保存

歴史文化ライブラリー
49

正倉院と日本文化

一九九八年一〇月一日　第一刷発行

著　者　米《よね》田《だ》雄《ゆう》介《すけ》

発行者　吉川圭三

発行所　株式会社吉川弘文館
東京都文京区本郷七丁目二番八号
郵便番号一一三―〇〇三三
電話〇三―三八一三―九一五一〈代表〉
振替口座〇〇一〇〇―五―二四四

印刷＝平文社　製本＝ナショナル製本
装幀＝山崎　登（日本デザインセンター）

歴史文化ライブラリー

1996.10

刊行のことば

現今の日本および国際社会は、さまざまな面で大変動の時代を迎えておりますが、近づきつつある二十一世紀は人類史の到達点として、物質的な繁栄のみならず文化や自然・社会環境を謳歌できる平和な社会でなければなりません。しかしながら高度成長・技術革新にともなう急激な変貌は「自己本位な刹那主義」の風潮を生みだし、先人が築いてきた歴史や文化に学ぶ余裕もなく、いまだ明るい人類の将来が展望できていないようにも見えます。このような状況を踏まえ、よりよい二十一世紀社会を築くために、人類誕生から現在に至る「人類の遺産・教訓」としてのあらゆる分野の歴史と文化を「歴史文化ライブラリー」として刊行することといたしました。

小社は、安政四年（一八五七）の創業以来、一貫して歴史学を中心とした専門出版社として書籍を刊行しつづけてまいりました。その経験を生かし、学問成果にもとづいた本叢書を刊行し社会的要請に応えて行きたいと考えております。

現代は、マスメディアが発達した高度情報化社会といわれますが、私どもはあくまでも活字を主体とした出版こそ、ものの本質を考える基礎と信じ、本叢書をとおして社会に訴えてまいりたいと思います。これから生まれでる一冊一冊が、それぞれの読者を知的冒険の旅へと誘い、希望に満ちた人類の未来を構築する糧となれば幸いです。

吉川弘文館

〈オンデマンド版〉
正倉院と日本文化

On Demand
歴史文化ライブラリー
49

2017年（平成29）10月1日　発行

著　者　米《よね》田《だ》雄《ゆう》介《すけ》
発行者　吉川道郎
発行所　株式会社　吉川弘文館
〒113-0033　東京都文京区本郷7丁目2番8号
TEL　03-3813-9151〈代表〉
URL　http://www.yoshikawa-k.co.jp/

印刷・製本　大日本印刷株式会社
装　幀　清水良洋・宮崎萌美

米田雄介（1936～）

ISBN978-4-642-75449-1